소셜미디어는
인생의 낭비일까요?

소셜미디어는 인생의 낭비일까요?

가장 열려 있고 가장 닫힌 세계, 그곳에서 나를 찾는 미디어 리터러시

세상을 묻는 십대

초판 1쇄 발행 2022년 8월 12일
초판 4쇄 발행 2024년 1월 10일

글쓴이	김보미
그린이	2DA
펴낸이	이영선
책임편집	이민재

편집	이일규 김선정 김문정 김종훈 이민재 김영아 이현정
디자인	김회량 위수연
독자본부	김일신 정혜영 김연수 김민수 박정래 손미경 김동욱

펴낸곳 서해문집 | 출판등록 1989년 3월 16일(제406-2005-000047호)
주소 경기도 파주시 광인사길 217(파주출판도시)
전화 (031)955-7470 | 팩스 (031)955-7469
홈페이지 www.booksea.co.kr | 이메일 shmj21@hanmail.net

ⓒ 김보미·2DA, 2022
ISBN 979-11-92085-51-7 43330

서해문집

차례

프롤로그

일러두기

이 책은 소셜미디어를 비롯한 디지털
세계의 문화를 다루고 있습니다.
주제의 특성상 사전에 등재되지 않은
신조어와 은어 표현을 일부 사용했음을
밝힙니다. 그중 맥락에 따라
자연스럽게 이해할 수 있는 표현은
그대로 실었고, 설명이 필요한 어휘는
괄호를 이용해 의미를 덧붙였습니다.

두 얼굴의
소셜미디어

긍정왕 그래

가장 자유로운 세계!
모든 길은 소셜미디어로 통해요!
집단지성으로 세상을 바꿔요!
디지털 시대의 '필수템'!
그래서 무엇이든 가능하죠!

VS

가장 감시받는 세계!
끼리끼리 모이는 '고인물'이에요!
가짜뉴스로 세상을 망쳐요!
금단현상을 부르는 디지털 마약!
한마디로 위험해요!

까칠한 아닌이

프롤로그

소셜미디어란
무엇일까요?

"솔직히 이해가 안 되죠. 굳이 그것을 하는 이유를 모르겠어요. 그게 없어도 인생에서 할 수 있는 건 수없이 많아요. 도서관에 가서 책을 읽으세요. 진심이에요. 시간 낭비입니다." 영국 잉글랜드 축구 구단 맨체스터 유나이티드의 감독이었던 알렉스 퍼거슨의 명언입니다. 여기서 '그것'이란 소셜미디어, 흔히 쓰는 말로 SNS입니다. 퍼거슨이 이 말을 한 것은 2011년, 트위터가 인기를 얻기 시작한 무렵이에요. 축구 선수들도 계정을 만들어 자유롭게 일상을 공개하고 생각을 공유하다가 입방아에 오르는 일이 늘어났습니다. 따라서 이 말은 축구단 감독이 선수들에게 책임감 있게 행동하라는 의미로 건넨 충고였지요.

그의 말대로 인생에서 할 일은 SNS 말고도 매우 많습니다. 학생은 공부하고, 숙제하고, 책도 읽어야 하죠. 친구들과 나가서 놀고, 가족들과 시간을 보내는 것도 중요해요. 충분히 잠을 자는 것도요. 출근해서 종일 회사에서 시간을 보내는 직장인은 하루해가 더욱 짧습니다. 주말에도 밀린 가사 노동에 쉴 틈이 없어요. 아이를 키운다면 잠잘 시간도 모자라죠. 운동선수는 기초 체력 및 기술 훈련, 시범 경기로 요일마다 일정이 빼곡할 거예요. 컨디션 유지를 위해 식사와 휴식도 규칙에 따라야 합니다. 그러고 보니 현대사회는 모두가 바쁘네요. 이런 와중에 스마트폰이나 멍하니 들여다보고 있다니. SNS 생활은 정말 인생의 낭비인 걸까요?

SNS? 소셜네트워크? 소셜미디어?

SNS는 소셜네트워킹서비스(Social Networking Service)의 머리글자를 합친 단어입니다. '사회관계망서비스'라고 번역하기도 해요. 영어권에서는 소셜네트워크(Social Network) 혹은 소셜미디어(Social Media)라고 합니다. 소셜네트워크는 관계를 그 물망처럼 이어주는 서비스의 구조·기술에 초점을 맞춘 용어이고, 소셜미디어는 콘텐츠를 공유하는 매체(미디어)로서의 특징을 강조하는 표현이에요. 보통은 의미를 엄밀히 따지지 않고 편한 대로 사용하는 경우가 많습니다. 그간 한국에서 SNS라는 표현을 즐겨 써온 것처럼요. 이 책에서는 '소셜미디어'를 주로 사용하려고 합니다. 오늘날 세계에서 가장 보편적인 용어이면서 '사람들 사이의 매개체'라는 속뜻이 우리가 살피려는 주제와 잘 어울리기 때문이에요. 물론 필요에 따라 SNS·소셜네트워크 등의 표현도 함께 사용할 거예요.

'누구나 이용할 수 있는 양방향─실시간 소통 플랫폼*.' 어떤 말로 표현하든 소셜미디어는 이렇게 정의할 수 있어요. 인터넷의 발명으로 우리는 현실 세계와 구분되는 온라인 세상에서도 살게 됐습니다. 그러면서 사람을 만나는 방식, 이야기를 나누는 방식이 전과는 크게 달라졌지요. 특히 관

★ 흔히 기차역 승강장을 가리키는 단어인 플랫폼(platform)에는 어떤 일을 하기 위한 기반이라는 의미도 있어요. 이 책에서 플랫폼은 정보가 생산·유통·소비되는 온라인 세계의 특정 공간을 의미합니다. 디지털 플랫폼이라고도 하죠. 또한 플랫폼을 운영하는 기업을 가리키는 의미로도 사용된답니다.

계의 범위가 훨씬 커졌습니다. PC통신* 시절의 게시판부터 메신저 서비스, 블로그, 포털사이트, 그리고 트위터와 페이스북을 비롯한 SNS에 이르기까지 사람들과 연결되어 소통할 수 있는 공간이 계속 넓어진 것이죠.

★ 인터넷이 사람들에게 보급되기 시작한 1990년대에 유행한 개인 컴퓨터끼리의 통신 서비스를 말해요. 당시에는 초고속 인터넷망이 아닌 유선 전화망을 이용했기 때문에 요즘처럼 사진이나 영상을 주고받기는 힘들었고, 대부분 텍스트로 작성한 게시물과 채팅으로 소통했답니다.

온라인 소통은 소셜네트워크로 한 번 더 혁신했어요. 그전까지 정보의 흐름은 단방향이었어요. 정보를 가진 쪽이 일방적으로 공개하고 전달하는 방식이죠. 그러던 것이 점차 정보를 서로가 공유하는 양방향 소통으로 진화한 거예요. 제 일터이기도 한 신문사·방송사와 같은 전통적 미디어를 예로 들어볼게요. 기자들은 취재해서 보도하고, 독자들은 그걸 받아 보면 끝이었어요. 기자의 시각에 독자가 옳다 그르다 의견을 낼 방법도 거의 없었죠.

반면 소셜미디어 세상에서는 내가 올리면 남이 보고, 남이 올린 것을 나도 봅니다. 각자의 생각과 입장이 공유되는 거죠. 댓글을 달면 그 댓글에 다시 댓글을 달고, 다른 사람의 게시물을 인용해서 새로운 글을 씁니다. 사방으로 소통하고 있어요. 그것도 실시간으로 말이에요. 이렇게 우리 모두는 뉴스와 콘텐츠의 공급자인 동시에 소비자가 되었어요. 소셜미디어가 가진 양방향성의 힘 덕분입니다.

모두와, 언제 어디서든 연결된 세상

인터넷 기술은 더 많은 정보를 더 빨리 실어 나르도록 발전하고 있어요. 처리할 수 있는 정보량이 많을수록 표현법도 다양해집니다. 과거에는 휴대전화에서 음성과 문자메시지만 주고받을 수 있었죠. 여기에 사진 등의 이미지 첨부가 가능해지더니 이제는 고화질 영상도 자유롭게 오고 갑니다. 아예 실시간 라이브로 연결할 수도 있어요. 메타버스*를 이용하면 남극에 사는 사람과 적도 지역의 사람이 거리를 초월해 같은 공간에 존재하는 모습을 볼 수도 있습니다.

★ 메타버스(metaverse)는 현실 세계와 같은 수준의 사회·경제적 소통과 활동이 일어나는 가상의 세계를 의미해요. 컴퓨터와 인터넷에 현실세계를 옮겨다 놓은 가상현실, 현실세계에 가상의 정보를 덧입혀 구현하는 증강현실, 그리고 수많은 사람들이 연결되어 소통하는 소셜네트워크를 모두 메타버스라고 할 수 있어요.

실시간으로 누군가와 연결되어 소통하는 일상은 소셜네트워킹서비스가 등장하면서 시작됐습니다. 과거의 소통 수단인 편지, 삐삐, 문자메시지, 이메일 등은 오가는 데이터의 종류와 정보량이 매우 제한적이에요. 주고받기까지 시차도 상당했고요. 보낸 사람도, 받는 사람도 메시지를 당장 확인할 수 있을 거라고는 기대하지 않았죠.

반면 SNS에서는 새 글, 새 이미지, 새 영상, 새 댓글, 새 '좋아요', 새 공유 게시물을 '새로고침'과 동시에 수신합니다. 도착하는 즉시 알림이 오죠. 부르면 바로 대답하는 공간이 바로 소셜미디어입니다. 이렇듯 발신과 수신이 동시에 이뤄지면서 사람들은 뉴스피드와 타임라인에서 눈을 뗄 수 없게 돼버렸습니다. 답을 해야 하니까요. 앞에서 퍼거슨 감독은 SNS 말고도 할 일이 많다고 했지만, 현대사회가 이렇게까지 바빠진 데는 소셜미디어가 큰 역할을 하고 있는 게 아닐까요?

소셜미디어와 나

이름, 소속, 전화번호, 이메일…. 명함에는 나를 소개하는 정보들이 표기되어 있습니다. 요즘에는 여기에 소셜미디어 계정을 추가하는 사람이 늘었다고 해요. 소셜미디어는 나를 가장 잘 표현하는 도구이기도 하니까요. 예전에는 새 친구를 사귀면 서로 어떤 사람인지 아는 데까지 시간이 꽤 걸렸지만, 이제는 그의 소셜미디어 피드*만 살펴봐도 짐작할 수 있습니다. 무엇을 좋아하는지, 그동안 어떻게 살았는지, 누구와 친한지 기록에 다 남아 있으니까요. 물론 '소셜미디어의 나'는 '현실 세계의 나'와는 전혀 다른 사람일지도 모릅니다. 소셜미디어에 내가 보여주고 싶은 모습만 담았다거나, 현실에선 꺼내지 않는 생각을 그곳에서만 풀어내는 경우라면 더욱 그렇죠. 하지만 어느 쪽이 진짜고 어느 쪽이 가짜라고 확신할 수 있을까요?

소셜미디어 계정은 명함 속의 다른 신상 정보와 조금 다릅니다. 계정을 통해 그 사람의 숨겨진 자아를 드러내기도 하거든요. 그리고 소셜네트워크 세상에서는 많은 이들이 나이와 국적, 직업, 성별보다 그런 숨겨진 자아에 이끌려 서로를 발견

★ 피드(feed)는 본래 웹상에서 콘텐츠를 공급·배포하는 기술을 의미해요. 그리고 소셜미디어에서는 이 용어가 이용자의 취향에 맞춰 새로운 게시물이 표시되는 공간을 가리키는 표현으로도 사용됩니다. '뉴스피드'가 대표적이죠.

하고 친구가 됩니다. '좋아요'를 누르며 응원하고, 댓글과 메시지로 대화를 나누어요. 팔로우나 구독을 취소하기 전까지는 언제나, 어디서든 이어져요. 연결되는 방식은 소셜미디어마다 조금씩 달라서 재미있습니다. 트위터는 140자까지만 글을 쓸 수 있는 독특한 단문 포스팅 시스템

★ 알고리즘(algorithm)은 다양한 뜻을 지니고 있지만, 이 책에서는 소셜미디어 플랫폼이 데이터의 수집-분석을 반복해 합리적인 판단을 이끌어내는 과정을 가리키는 용어로 사용합니다. 페이스북이 나와 어울리는 친구를 추천하고, 유튜브가 내 마음에 쏙 드는 영상을 골라주는 것은 모두 알고리즘에 따른 결과이지요.

이에요. 소식을 짧게, 빨리 공유해 타임라인에 널리 퍼뜨릴 수 있죠. 페이스북은 '페친'(페이스북 친구)을 사귀며 생각을 주고받는 플랫폼이에요. 페이스북 알고리즘*이 나와 어울릴 만한 페친의 페친, 페친의 페친의 페친을 수시로 소개하고 이어주기 때문에 관계를 확장해나가는 맛이 있습니다.

인스타그램은 페북과 비슷하지만, 사진과 영상 위주의 일기장 같은 SNS입니다. 다른 사람에게 자랑할 만한 행복한 일상을 남기는 경향이 있다고 해요. 유튜브는 오늘날 전 세계인이 가장 애용하는 동영상 플랫폼이죠. 소소한 일상을 영상으로 표현하는 브이로그, 세상 돌아가는 소식을 들려주는 뉴스,

실컷 웃게 하는 코미디 프로그램까지 갖가지 콘텐츠로 가득합니다. 요즘은 영상만 올리고 마는 게 아니라 제작자(크리에이터)와 구독자 사이의 커뮤니케이션 기능을 추가하고, 더 나아가 구독자와 직접 소통하는 라이브 방송의 비중이 늘면서 소셜미디어의 양방향성이 점차 강화되고 있습니다. 한편 SNS 시대가 도래하기 전에 유행한 블로그나 포털사이트의 카페·게시판 또한 주제별로 생각과 정보가 오가고 이를 매개로 교류가 이뤄진다는 점에서 소셜네트워킹서비스의 일종으로 볼 수 있습니다. 앞으로는 또 어떤 소셜미디어가 등장할까요?

무한대의 세계에서
'나를 찾습니다'

국경이 없어요. 시차도 없습니다. 통역해주는 계정이 많으니 언어가 달라도 소통이 가능합니다. 이렇듯 장벽 없이 시공간을 초월해 무한하게 연결되는 곳이 소셜미디어 세상이에요. 트위터·인스타그램·틱톡의 '팔로워', 페이스북의 '친구', 유튜브의 '구독자', 싸이월드의 '1촌'…. 이름은 제각각이지만 'SNS 친구'는 얼마든지 만들 수 있습니다.

CYWORLD

그런데 소셜네트워크에서 만난 사람 중에 '진짜 친구'는 몇 명이나 될까요? 사실 아무리 다양한 계정을 만들어도 소셜미디어 바깥에서 연락하거나 마주치는 친구 숫자는 큰 변화가 없습니다. 연구자들에 따르면 많은 팔로워를 가진 사람이라도 'SNS 친구' 가운데 '진짜 친구'는 10명 안팎이라고 해요. 소셜미디어에서 많은 이들과 사귀지만 실제 친구 관계로 이어지는 경우는 드물다는 거죠. 돌이켜보면 저 역시 계정을 만들고 처음 맞이한 '팔로워' '구독자' '친구'는 모두 현실의 내 친구들이었네요.

한때 진짜 친구만 빼고 의미 없는 팔로워를 정리하는 'SNS 디톡스*'가 유행하기도 했습니다. 숫

일촌맺어요!

일촌김수민

파가요♡

그래의 색연필 언박싱

아닌이의 일상브이로그

자로만 늘어나는 관계의 허무함이 커졌기 때문이겠죠. 이 바람을 타고 미국에서는 친구를 최대 50명으로 제한한 패스(Path)라는 SNS가 등장하기도 했어요. 네덜란드에선 게시물을 볼 수 있는 사람을 15명까지 줄인 카마릴라(Camarilla)라는 서비스가 나왔고요. 그러나 처음엔 흥미를 끌던 두 플랫

★ 디톡스(detox)는 해독한다는 뜻이에요. 따라서 SNS 디톡스란 소셜미디어 중독, SNS 친구 수에 대한 집착을 줄이고 현실의 삶에 집중하려는 행동입니다.

폼은 금방 문을 닫고 말았습니다. 결국 사람들이 소셜미디어를 이용하는 목적은 관계를 늘리고 세계를 확장하는 데 있는 모양입니다.

소셜네트워크와 바깥 세상은 서로 무관하게 돌아가는 별개의 세계처럼 보이기도 해요. 하지만 알고리즘이 발달할수록 우리는 현실에서 꼴 보기 싫은 사람, 떠올리고 싶지 않은 인연, 심지어 잊고 싶은 과거와도 연결되는 놀라움을 경험해요. 이렇듯 일단 소셜미디어에 접속하게 되면 일상 깊숙이 파고드는 관계의 연결망에서 빠져나오기 쉽지 않습니다.

나와 소셜미디어는 무슨 관계일까요? 퍼거슨이 말했듯 SNS는 인생의 낭비일까요? 아니면 기회와 관계를 키워주는 고마운 매체일까요? 이 책과 함께 나의 소셜미디어 생활을 돌아보며, 그것이 우리에게 어떤 의미인지 고민해보는 시간을 가져보도록 해요.

1

무한한
가능성의
세계?

한쪽만
보게 만드는
편협한
세계?

"모든 사람이 15분 동안은 세계적으로 유명해지는 시대가 올 겁니다." 여러분은 이 말에 동의하나요? 아니면 말도 안 되는 이야기라고 생각하나요? '당연히 누구든지 노력한다면, 혹은 운이 좀 따라준다면 어느 날 갑자기 유명해질 수 있지.' '아무리 그래도 누구나 유명해진다는 건 불가능해.'

방금 소개한 발언은 1960년대 후반, 미국의 전설적 예술가 앤디 워홀이 미래를 전망하면서 꺼낸 말이라고 해요. 물론 당시에도 유명한 사람은 많았습니다. TV와 라디오, 신문이 이들의 업적과 이름을 세상에 알렸죠. 앤디 워홀 역시 그 덕분에 미국을 넘어 전 세계적 유명인이 될 수 있었어요. 하지만 TV나 신문에 얼굴을 비출 수 있는 사람은 극소수였죠. 무엇보다 인 터넷도 소셜미디어도 없던 1960년대에는 손가락 하나로 순식 간에 글과 사진, 영상을 공유하는 장면을 상상하기 힘들었을 거예요. 따라서 워홀의 말이 지금 같은 소셜네트워크 세상을 내다본 것이라고 장담할 순 없습니다. 그렇대도 반세기 전 예 술가의 기발한 예측이 '예언자의 말'처럼 느껴지는 것은 그만 큼 지금 상황과 딱 들어맞기 때문이에요. '15분'이라는 단서까 지도요.

2020년대는 워홀이 살던 1960년대보다 유명해지기 쉬운 세상입니다. 신문이나 책에 실리지 않아도, 방송에 나오지 않 아도, 나를 표현하고 알릴 수 있는 수많은 소셜미디어 계정이 있으니까요. 공유만 많이 된다면 하루아침에라도 '인플루언 서'가 됩니다. 그런데 워홀의 말대로 갑자기 주어진 관심은 갑 자기 사라집니다. 작년 이맘때 실시간 검색어 순위에 뜬 키워 드나 이름, 사건이 무엇이었는지 기억하나요? 떠오르지 않는 다면 '15분짜리 유명함'이 무엇인지 짐작할 수 있을 거예요.

무엇이든 가능한
세계예요!

그래

SNS로 사회에 참여하는
'디지털 시민'이 됐어요

소셜미디어에서 유명하다는 것은 단순히 '좋아요' '하트' '마음'을 많이 받거나 구독자와 팔로워 수가 많다는 데서 그치지 않아요. 나의 주장과 의견에 많은 사람들이 귀를 기울여준다는 데 더 큰 의미가 있죠. 어떤 일을 함께 고민함으로써 생각을 키워나가기도 해요. 그래서 소셜미디어의 유명인사가 어떤 행동을 시작하면 따르고 지지하는 이들이 생겨납니다. 그 숫자가 커지면 전에 보지 못한 새로운 현상이나 변화를 만들어 내기도 해요. 소셜네트워크에서는 이런 일이 수시로 일어나고 있습니다.

소셜미디어가 처음 등장했을 때, 사회 현상을 분석하는 전문가들은 이 매체를 친구 사이의 연락이나 상품 홍보를 도와줄 편리한 도구 정도로 여겼습니다. 하지만 소통과 공유라는 소셜미디어의 특징이 강력한 영향력을 갖게 되면서 평가가 달라졌어요. 정치와 경제, 문화 등 사회 전반에 변화를 가져올 수 있는 무한한 가능성을 본 것이죠.

2014년 여름, 여러 소셜미디어 피드에는 '아이스 버킷 챌린지'가 연달아 올라왔습니다. 바가지에 얼음물을 가득 채워 스스로 뒤집어쓰는 영상이었어요. 이 릴레이는 챌린지, 즉 해당 영상의 주인공이 다음 참가자를 지목하는 방식이 커다란 호응을 얻으며 꽤 오랫동안 이어졌습니다. 아이스 버킷 챌린지는 근위축성측색경화증(루게릭병)에 관한 관심을 높이기 위한 캠페인이었어요. 이 질병의 통증이 차가운 얼음물에 몸을 담글 때 생기는 고통과 비슷하다고 해서 시작됐다고 해요. 챌린지가 유행하면서 이름도 생소했던 이 병에 대한 사회적 관심이 커졌습니다. 덕분에 당시 미국 루게릭병협회의 모금액이 30배 가까이 늘었다고 해요.

소셜미디어에서의 소통을 계기로 사회가 변화하기도 합니다. 사람들은 각자 하루를 바쁘게 살다가도 공감하거나 분노하는 사건 앞에서, 또 모두의 도움이 필요한 상황이 전해질 때마다 뭉쳐서 공동체의 힘을 보여줍니다. 때때로 세상을 바꾸는 결정적 순간을 만들기도 하지요. 촛불시위와 미투 운동처럼요. 재난 현장의 자원봉사자, 유기견의 임시보호자, 희귀 혈액형의 헌혈자를 찾을 때도 SNS는 중요한 역할을 합니다.

민주주의가 제대로 이뤄지려면 시민들이 주인의식을 갖고 정치와 사회에 참여해야 한다는 걸 배웠을 거예요. 하지만 예전에는 보통 사람들이 의견을 말할 방법도, 정부가 그들의 목소리를 들을 방법도 마땅찮았죠. 그러다가 인터넷이 발명되고, 온라인 세상이 열리고, SNS가 등장했습니다. 마침내 누구나 자신의 계정에서 의견을 낼 수 있게 된 거죠. 다른 이의 목소리도 들을 수 있게 됐고요.

부도덕한 발언을 한 정치인을 혼내고, 잘못된 정부 정책을 따끔하게 지적하기도 합니다. 이제는 시장과 국회의원, 대통령까지도 소셜미디어를 통해 전달되는 시민들의 비판에 바로 응답하지요. 뉴스에 등장하는 유명인·전문가가 아니더라도 글을 쓰고 영상을 찍어 공개적으로 의견을 냅니다. 그와 다른 생각을 주고받으며 토론도 하죠. 사람들은 계정의 수만큼 다양한 시각으로 세상을 보게 되었어요. 소셜미디어 시대에 디지털 시민이 정치와 사회에 참여하는 방식입니다.

여럿이 머리를 맞대고
집단지성으로 세상을 바꿔요

요즘은 궁금한 게 생기면 포털사이트보다 소셜미디어에서 검색하는 경우가 많습니다. 뉴스를 보려고 군이 TV나 언론사 웹사이트를 찾을 필요도 없습니다. 내 SNS 계정의 타임라인만 봐도 전 세계 사람이 내놓는 다양한 지식과 아이디어가 무궁무진하게 펼쳐지거든요. 방송이나 신문처럼 전통적인 미디어는 기자 또는 그들이 속한 언론사가 중요하게 여기는 소식을 골라 전달합니다. 반면 소셜미디어는 모든 이용자의 관심사를 폭넓게 공유합니다. 사회의 여러 분야, 세계 곳곳에서 정보가 모이니 무엇이든 답을 찾을 수 있어요.

2020년, 한 번도 경험하지 못한 전염병 바이러스가 전 세계로 번졌습니다. 감염자와 사망자가 속출했고, 모두가 공포에 휩싸였지요. 치료법도 예방법도 알려지지 않았던 사태 초기에, 사람들은 우선 마스크를 사용해 감염을 막아보기로 했습니다. 이 방법이 효과를 내면서 5000만 국민 모두가 마스크를 쓰게 되었죠. 그러자 전국의 마스크는 금세 동났고, 사람들은 약국과 마트 앞에서 발을 동동 굴렀습니다. 정부는 임시방편으로 한 사람이 살 수 있는 마스크의 개수와 구매일까지 지정하며 혼란을 막으려고 애썼어요. 그런데도 몇 시간씩 줄을 서야 겨우 마스크 한두 장을 구할 수 있었죠.

바로 그때, '마스크 지도'가 소셜미디어에서 공유되기 시작했습니다. 약국별로 남은 마스크의 수량, 가격, 입고일, 판매 시간을 실시간으로 알려주는 지도였죠. 시민들이 각자 위치에서 확인한 정보들이 하나둘 모여 만들어낸 성과였습니다. 덜 알려진 사실이지만 바이러스 확산 초기에 감염자의 동선을 확

동해약국
마스크 없습니다!
마스크는 대체 어디파는거야!
잠깐만..
마스크 0개
현위치
마스크 2개
서해약국
서해약국으로 가보자!

인할 수 있는 지도를 처음 만든 것도 일반 시민이에요. 누구도 상상하지 못한 팬데믹(대유행 전염병) 앞에서 정부도 전문 기관도 언론도 갈피를 잡지 못할 때, 평범한 시민들이 소셜미디어에서 머리를 맞대고 당장 필요한 일을 해낸 것이죠. 공동체 구성원들이 협력과 경쟁을 통해 발휘하는 이런 능력을 '집단지성'이라고 합니다. 특히 소셜미디어에서는 수준 높은 집단지성이 만들어지곤 해요. 다양한 분야에서 전문성을 가진 사람들이 시공간의 제약 없이 모일 수 있기 때문이죠.

소셜미디어에 모인 집단의 행동력은 세상을 바꾸기도 합니다. 2010년 북아프리카의 튀니지에서 반-정부 시위가 열렸습니다. 시작은 노점에서 물건을 팔던 한 청년이 스스로 몸에 불을 붙인 사건이었어요. 경찰이 무허가 상점을 마구 단속하면서 벌어진 일인데, 당시 튀니지는 청년 10명 중 3명이 일자리를 구하지 못할 만큼 경제가 어려웠어요. 그러다 보니 노점을 차려 겨우 먹고사는 젊은이들이 너무나 많았던 거죠.

사건 현장을 찍은 영상이 소셜미디어에 퍼지면서 튀니지 정부를 비판하는 목소리가 커졌습니다. 국민의 삶을 어렵게 만든 책임을 묻는 것이었죠. 그런데 이 영상은 튀니지 사람들에게만 공분을 일으킨 게 아니었어요. 사정이 비슷했던 요르단, 시리아, 예멘, 이란 등 인근 나라로 퍼지며 곳곳에서 반-정부 시위가 일어났습니다. 시민들의 저항은 수개월간 이어졌어요. 각국 정부는 비상사태를 선포하고 통신망까지 끊어버렸지만, 소셜미디어가 불붙인 행진을 멈출 수는 없었죠. 마침내 튀니지를 시작으로 여러 나라의 정치 지도자, 독재자들이 자리에서 물러났습니다. 이렇게 2011년을 전후해 중동 지역 여러 국가의 정치 권력이 연이어 교체된 혁명을 가리켜 '아랍의 봄'이라고 합니다. 그 거대한 변화의 중심에 소셜미디어가 있었지요.

비슷한 시기, 일본과 튀르키예(당시에는 터키)에서 큰 지진이 일어났습니다. 대규모 자연재해로 통신과 교통이 끊기면 바깥에서 구호물자나 자원봉사자를 보낼 방법이 마땅치 않아요. 그런데 당시에 막 등장한 소셜미디어가 전 세계에서 보내온 도움의 손길을 재난 현장과 이어주는 역할을 톡톡히 했습니다. 현지의 실시간 정보들이 SNS에서 널리 공유된 덕분에 필요한 물자와 자원봉사자를 적재적소에 투입할 수 있었죠. 이처럼 타임라인으로 이어진 집단의 힘은 다양한 영역에서 영향력을 발휘하고 있습니다.

전 세계에서 '케이팝'과 '먹방'을 좋아해요

트위터에서 1년간 75억 번이나 언급된 키워드가 있어요. 한국의 아이돌 문화, 바로 케이팝(K-pop)입니다. 2020년 7월부터 이듬해 6월까지 집계한 숫자인데요. 심지어 이 수치는 같은 키워드가 앞서 2년간 기록한 53억 건, 61억 건을 스스로 깬 숫자라고 해요. 사람들은 같은 종류의 게시물을 모아 보기 편하게, 또 검색이 잘되게 하려고 해시태그(#)를 답니다. 인스타그램 해시태그 가운데 가장 많이 등장한 이름도 케이팝 가수인 BTS의 멤버였어요. 2021년에만 그의 이름으로 6600만 건이 넘는 해시태그가 만들어졌다고 하죠. 틱톡에서 같은 해시태그가 달린 동영상은 조회 수가 무려 600억 뷰를 넘었답니다.

한국어로 만든 노래와 드라마, 영화는 물론 이제는 책까지 '한류'를 일으킵니다. 각국 학교에서 제2외국어로 한국어를 선택하는 학생이 크게 늘었다고 하죠. 국제 공용어가 아닌 한국어와 한글로 창작된 문화가 전 세계인의 사랑을 받는 것은 이례적인 현상이에요. 여기에는 세계 최고 수준인 한국의 디지털 접근성이 큰 몫을 하고 있다고 해요. 한국은 인터넷 보급률이 99%, 스마트폰 보급률도 95%입니다. 세계에서 가장 높아요. 통신 속도 역시 마찬가지이고요. 그리고 이런 환경이 '덕질'과 '한류'에도 큰 도움이 된답니다.

아이돌 그룹의 멤버들이 방송국이나 공연장에 드나드는 모습을 찍은 사진과 영상이 '출근길' '퇴근길'이라는 제목으로 소셜미디어에 뜹니다. 또 멤버들은 각자 SNS 계정에 화려한 공식 활동 이면의 자연스러운 일상을 공유합니다. 라이브 방송으로 팬들과 직접 소통에 나서기도 하죠. 이렇게 SNS 하기 좋은 환경은 특히 먼 나라에 사는 케이팝 팬들이 한국 아이돌과 한결 가까워지는 밑거름이 됐어요.

케이팝뿐이 아니에요. 영어사전에도 'Mukbang'이라고 등재된 '먹방'은 한국을 대표하는 영상 콘텐츠가 되었습니다. 진행자가 음식을 맛있게 먹는 모습을 보여주며 시청자와 소통하는 형태의 방송은 2010년 즈음 처음 등장했다고 해요. 한국인들만의 콘텐츠였던 먹방이 전 세계인이 즐기는 대중문화로 거듭난 것도 원본 콘텐츠를 짧게 편집한 영상이 소셜미디어에 공유되면서부터였다고 하지요.

오늘날 43억 명의 이용자가 드나드는 소셜미디어에는 그만큼 다양한 즐거움이 존재해요. 국적과 언어가 달라도 자동 번역 기능 덕분에 어떤 문화라도 경험할 수 있습니다. 한국의 문화·예술인과 여러 콘텐츠도 그 덕분에 세계인의 사랑을 받게 되었죠.

다양한 나를
표현할 수 있어요

부모님이 지어준 이름으로 생활하는 시간과 내가 만든 아이디로 활동하는 시간. 각각의 시간에 존재하는 '나'는 과연 같은 '나'일까요? 학교에서 공부할 때와 점심 먹고 친구와 수다를 떨 때, 집에 돌아와 씻고 누워서 SNS에 접속할 때. 분명 모두 '나'이지만 가만히 들여다보면 어느 모습도 진짜 내가 아닌 것

같다는 생각이 들기도 합니다.

　이름과 아이디가 똑같은 사람도 있어요. 현실과 온라인을 가리지 않고 자기 생각을 숨김없이 드러내는 사람도 있고요. 하지만 대부분은 누구를 만나고, 어떤 상황에 있느냐에 따라 말투·행동·심리가 조금씩은 변합니다. 이름을 바꿀 수 있고, 평소의 나를 보여주지 않아도 되는 소셜네트워크 안에서는 더욱 그래요. 친구와 같이 있는 게 제일 행복하다고 느끼다가도 혼자인 시간이 가장 즐거울 때가 있죠. 게으름 피우는 친구를 욕해놓고서는 정작 내가 늑장을 부리기도 합니다. 나쁘거나 잘못한 게 아니에요. 사람의 마음속에는 딱 하나로 정의할 수 없는 여러 모습이 담겨 있거든요.

　마음껏 이랬다저랬다 하지 못하는 현실에서는 내 속의 많은 나를 드러내기 어려워요. 하지만 답답해할 필요는 없습니다. 우리에겐 여러 개의 SNS 계정과 아이디가 있거든요! 소셜미디어 안에서 다양한 속내와 자아를 표현할 수 있죠. '부캐'(서브 캐릭터)와 아바타로 로그인한 나를 떠올려보세요. 오프라인에서의 내 모습, 정체성과 미묘하게 달라진 내가 그곳에 있지 않나요?

거침없이 자유롭게 나를 표현하는 소셜미디어가 등장하면서 '다양성'이라는 가치가 인정받게 되었다는 견해도 있습니다. 실제로 바깥 세상에서 우리들의 갖가지 정체성은 사회의 규범, 고정관념, 편견에 막혀서 충분히 표현되지 못하고 있어요. 여자라서, 남자라서, 학생이라서, 맏이라서, 엄마라서, 아빠라서, 선생님이라서…. 국적이나 인종의 차이, 물리적 거리나 국경 또한 다양성을 가로막는 장벽입니다. 소셜미디어에서는 달라요. 다양한 자아와 다양한 존재를 표현하고 경험할 수 있습니다. 나와는 다른 생각, 다른 믿음을 가진 이들을 마주치면서요. 그러면서 완벽한 진실, 확고한 진리라고 여겼던 게 꼭 그렇지만은 않다는 것도 깨닫게 되죠. 어떤 모습이든, 어떤 가치관이든 차별 없이 평등하게 표현되며 존재할 수 있는 공간이 바로 소셜미디어입니다.

"일반 시민들, 즉 대중은 새로운 종류의 권력인 '제5계급'(a fifth estate)이다." 페이스북을 만든 마크 저커버그의 말이에요. 사람들이 모여 살아가는 국가는 입법부, 행정부, 사법부라는 세 가지 권력이 서로를 견제하며 균형을 이룹니다. 그 바깥에서 이들 3권을 감시하는 제4의 권력이 언론입니다. 그러니까 주커버그의 말은 수많은 시민들의 네트워크인 소셜미디어가 이런 전통적인 권력에 맞설 수 있는 다섯 번째 권력이 되었다는 의미예요. 그렇다면 소셜미디어는 기존의 권력과 어떻게 다를까요? 무엇보다 이 공간에서 장애인, 성 소수자, 여성 등 약자와 소외계층까지 자유롭게 자신을 표현함으로써, 그간 누리지 못했던 사회적 발언권과 영향력을 찾았다는 점을 들 수 있습니다.

비리를 폭로하고 거짓을 밝혀서
투명한 사회를 만들어요

2021년의 일이에요. 중국에서 '국민 영웅'으로 대접받는 한 테니스 선수가 정부의 고위 권력자에게 성폭력 피해를 입은 사연을 소셜미디어에 올렸습니다. 그는 이렇게 말했어요. "계란으로 바위를 치는 일이라고 해도, 화염을 향해 날아드는 나방이 되더라도, 자멸을 재촉하는 길일지라도 진실을 알리겠습니다."

이 글은 곧바로 삭제되었어요. 올린 이가 자기 손으로 지운 것인지 정부가 조치한 것인지는 밝혀지지 않았죠. 하지만 그전에 그의 소셜미디어 친구들이 내용을 공유하면서 소식은 순식간에 퍼졌고, 외국 언론에도 보도되었습니다. 폭로는 삭제되었지만, 삭제되지 않았어요. 얼마 뒤 피해자가 실종되었다는 소문이 돌자, 그를 돕기 위한 행동이 이어졌어요. 전 세계 테니스 선수들이 각자의 SNS 계정에 "선수를 보호해야 한다" "국가가 소셜미디어를 검열해서는 안 된다"라는 메시지를 연달아 올린 거예요. 이러한 여론에 힘입어 국제올림픽위원회(IOC)가 나서서 피해자의 안전을 확인하기도 했습니다.

소셜미디어에서는 비밀이나 거짓말이 들통나기 쉬워요. 수많은 눈이 지켜보고 있으니까요. 반대로 진심이 통하면 커다란 공감대를 일으키곤 하죠. 중국의 테니스 선수 역시 소셜미디어의 힘을 믿고 피해 사실을 알렸을 거예요. 소셜미디어가 생기기 전만 해도 성폭력 사건이 벌어지면 사회적 편견에 젖은 피해자 탓하기와 가해자의 협박이 공공연하게 이어지곤 했어요. 요즘 말로는 '2차 가해'라고 하지요. 이 때문에 피해자가 신고는커녕 자책하거나 아예 숨어버리는 경우도 많았습니다. 2017년 시작된 미투 운동은 자신의 피해 사실을 세상에 알린 이들의 용기에 수많은 다른 피해자들이 "나도 그랬다"(#Me Too)라며 응답한 사건이었어요. 전 세계의 성희롱과 성추행, 성폭행의 피해자들이 소셜미디어에서 자신의 경험을 이야기함으로써 힘들게 고백한 이와 연대했습니다. 당신은 혼자가 아니라는 메시지였죠.

직장에서 부당한 지시에 시달리거나 왕따·괴롭힘을 당하면서도 일자리를 잃어버릴까 겁나서 아무 말 못하는 이들도 많습니다. 그럴 때 소셜미디어는 비슷한 처지의 사람들이 연대하고, 도움을 주고받는 장소가 되죠. 그렇다고 응원이나 관심을 받으려고 없는 이야기를 꾸며냈다간 혼쭐이 날 수도 있습니다. 소셜미디어의 수많은 눈이 진실과 거짓을 밝혀내는 것도 시간문제니까요.

아닌이

세상의 한쪽 면만 보여주는
위험한 세계라고요!

세상이 내 생각대로
움직인다는 '착각'

언팔로우, 구독 취소, 소식 숨기기, 뮤트, 계정 차단. SNS에서
맺었던 관계를 끊거나 더는 상대의 이야기가 들리지 않게끔
설정을 바꾼 경험이 있을 거예요. 그런데 '활동이 뜸하네' '새
로운 소식을 올리지 않아' '너무 재미가 없어'와 같은 이유로
친구를 차단하거나 팔로우를 끊는 일은 별로 없을 겁니다. 오
히려 자주 눈에 띄고 자기표현에 적극적인 상대를 차단하는

일이 많지요. 왜 그럴까요?

'무슨 말도 안 되는 소리를 하는 거지?' '이딴 사진을 공유하고 난리야!' '나랑 비슷한 애인 줄 알았는데 정말 이상한 생각을 가졌네?' 소셜네트워크에서는 보통 이런 생각이 들게 되면 관계를 끊어버리는 경우가 많습니다. 때로는 귀찮음을 무릅쓰고서 반박하거나 비판하는 댓글까지 달고 나서 차단하기도 해요.

'알림 없이 팔로우 취소하는 법을 아시나요?' '차단 없이 팔로워 삭제하는 법은요?' 포털사이트 검색창에 상대가 모르게 관계를 끊는 방법을 묻는 사람들이 꽤 많습니다. SNS 친구, 팔로워는 무조건 많을수록 좋다고 여기던 때도 있었지만 요즘은 달라요. '나와 비슷한' 친구의 숫자가 더 중요합니다. 그렇지만 애써서 맺은 친구 관계를 내가 먼저 끊자니 상대가 서운해할 거 같아서 저런 문의를 하는 거죠. 동의할 수 없고 듣기 싫은 이야기만 하는 계정을 차단하면 나의 뉴스피드와 타임라인이 쾌적해진 기분이 들기도 해요. 문제는 나와 다른 생각, 낯선 이야기들과도 그만큼 멀어지게 된다는 거죠.

소셜미디어에서 보고 싶은 것만 보는 건 어른들도 마찬가지예요. 부동산 가격을 예로 들어볼게요. 앞으로 집값이 떨어지길 바라는 사람들은 '이제 아파트값은 폭락할 것이다!'라고 예측하는 계정을 구독하며 '좋아요'를 누릅니다. 반대로 집값이 오르길 바란다면 '폭등할 것이다!'라고 이야기하는 사람의 말만 들을 거예요. 어느 쪽이든 반대편 주장에는 귀를 닫습니다. 차단해버리는 거예요.

이렇게 SNS의 뉴스피드와 추천 영상은 온통 내 마음에 드는 이야기뿐이니 세상이 내 뜻대로 움직인다는 생각이 들지도 몰라요. 하지만 부동산 시장이 어떻게 흘러가는지 객관적으로 알고 싶다면 이런 정보의 '편식'이 가장 위험한 행동이랍니다. 어떤 문제를 정확하게 판단하려면, 무엇보다 거기에 관련된 여러 사실과 주장을 골고루 따져봐야 하죠. 그런데 소셜미디어는 어느 한쪽, 그것도 나와 비슷한 쪽의 이야기만 듣기 쉬운 공간이에요.

나와 다른 생각을 말하는
목소리가 듣기 싫어요

2020년, 한국언론진흥재단에서는 소셜미디어 이용자 3000명에게 각자의 SNS 이용 방식을 물었어요. 그중 내 생각과 같은 게시물에 '추천'이나 '좋아요'를 누르는 사람은 63.2%였습니다. 그럼 나와 생각이 다른 게시물에는 어떻게 반응할까요? 40%가 구독을 취소했다고 답했대요. 이 두 가지 문답은 소셜미디어 이용자들이 자신과 비슷한 견해에 호응하거나, 그 반대로 나와 다른 생각과 마주치지 않기 위해 적극적으로 행동한다는 사실을 보여줍니다.

들고 싶은 말만 들으려는 경향은 특히 정치 분야에서 뚜렷하다고 해요. 2021년 《조선일보》의 설문조사[1]에 따르면 SNS에서 정치·사회 콘텐츠를 많이 보는 사람의 22.8%가 "나와 성향이 맞지 않는 콘텐츠를 전혀 보지 않는다"라고 답했어요. "정치적으로, 사회적으로 성향이 맞지 않는다고 생각해 친구나 팔로우를 끊어본 적이 있다"라고 말한 사람도 34.8%였어요. 이런 조사를 보면 소셜네트워크에서는 나와 생각이 다른 사람을 가까이 하지 않으려는 경향이 두드러진다는 걸 알 수 있습니다.

한국인들만 그런 건 아닌가 봐요. 2016년 미국의 잡지《포춘》에서 진행한 설문조사[2]에서도 비슷한 결과가 나왔다고 합니다. 미국의 민주당을 지지하는 사람에게 물었더니 여성은 30%, 남성은 14%가 '정치적 생각이 다른 계정의 팔로우를 취소한 경험이 있다'라고 답했대요. 이들은 지지하는 정당이 없거나(9%), 공화당 지지자들(여자 10%, 남자 8%)보다 더 적극적으로 팔로우를 끊었습니다. 미국에서 민주당 지지자라고 하면 젊고 진보적인 성향을 떠올립니다. 상대적으로 소셜미디어를 통해 자신을 활발하게 표현하는 이들이죠. 그래서 이 조사를 인용한 언론사는 소셜미디어 이용에 적극적일수록 자신과 다른 정치적 견해를 멀리하는 경향이 있다고 분석했습니다.

이와 관련해서 소셜미디어에는 똑똑한 기능이 있어요. 내가 싫어하는 계정의 소식을 눈에 띄지 않게끔 숨기는 거죠. 반대로 좋아하는 것은 더 많이, 더 자주 보여줍니다. 알고리즘이라는 정해진 규칙에 따른 결과예요. 이 시스템은 소셜미디어에 접속하는 순간부터 나의 모든 행동을 지켜보고 기록으로 남겨요. 어떤 게시물에서 스크롤이 멈추고, 몇 분간 머물며 어떤 글을 읽었고, 어떤 영상과 링크를 클릭했는지 연구합니다. 어떤 계정을 새로 구독하고 또 구독을 취소했는지도 파악하죠. 그 결과, 내가 좋아하는 걸 찾아 추천하고 싫어하는 건 감춥니다.

그러다 보면 소셜미디어에서 이용자는 '호불호' 중에 '호' 만 만나게 되지요. 한쪽 정보만 반복해 접촉하니 생각도 그쪽으로 치우치는 편향성을 갖게 됩니다. 이런 현상을 '필터 버블'(filter bubble)이라고 해요. 소셜미디어가 필터링한 정보의 거품에 갇히는 거예요. 필터 버블은 내가 좋아하는 것들로 가득합니다. 그 안에서 편안함을 느낄 수 있죠. 하지만 거품 밖의 드넓고 다채로운 세상은 모르고 살게 될 거예요.

소셜미디어는 마음껏 표현하고 다양한 정보가 오가는 자유로운 공간이었어요. 그 안에서 우리는 지금까지 경험한 적 없는 넓은 세상과 우연한 만남을 만끽할 수 있었죠. 이게 소셜미디어가 인기를 끈 원동력이기도 하고요. 그런데 언젠가부터 분위기가 달라지지 않았나요? 다양한 이야기에 나 스스로 귀를 막고 있지는 않나요? 알록달록하던 타임라인이 어느새 한 가지 색깔로만 채워져 있는 건 아닌지 살펴보세요.

알고리즘에
조종당하고 있는 걸까요?

외국 여행을 다녀온 친구가 SNS에 사진을 올렸습니다. 처음 보는 풍경이 신기해서 게시물에 달린 해시태그를 눌러봤어요. 관광으로 유명한 도시군요! 맛집과 근사한 숙소를 소개하는 사진들이 줄지어 화면에 뜹니다. 몇몇 게시물에 표시된 주소를 지도앱으로 연결해 위치도 확인해봤어요. 그렇게 시간 가는 줄 모르고 태그를 따라 여행을 했답니다.

다음 날 다시 SNS에 접속했어요. 그런데 어제 본 도시의 여행 상품과 호텔 광고가 타임라인에 끊임없이 뜨는 거예요! 심지어 포털사이트와 메일 앱에서도 'ㅇㅇ로 여행을 준비 중이신가요?'라며 추천 정보 알림까지 보냅니다. 내 머릿속을 누가 들여다본 듯한 기분이었어요. 한편으로는 관심 있는 정보를 알아서 보여주니 편하기도 했죠. 비서가 있는 것처럼요. 저절로 뜬 게시물을 살펴보다가 궁금증이 들었어요. '어떻게 내 생각을 읽은 거지?' '대체 이런 걸 왜 보여주는 걸까?'

앞서 설명한 것처럼 소셜미디어를 운영하는 플랫폼 기업은 이용자 행동을 기록하고 분석합니다. 취향과 성향이 비슷한 계정끼리 그룹으로 묶어 특징을 관찰한 뒤 같은 그룹의 사람들이 좋아했던 게시물을 서로에게 보여주지요. 아무렇게나 저절로 뜨는 것처럼 보이는 추천 게시물은 사실 나와 비슷한 사람들의 행동에 근거해서 콕 집어낸 거예요. 이를 위해서 유능한 직원을 뽑고 많은 돈을 투자해 알고리즘 기술을 개발합니다. 특정 글과 영상을 어디까지 보는지, 한 게시물에 얼마나 머무르는지, 어떤 사진은 '좋아요'를 누르고 어떤 사진은 그냥 지나치는지 등을 모두 관찰해요. 그렇게 샅샅이 나를 관찰한 알고리즘의 추천은 정말 찰떡같습니다. 단골 가게에서는 따로 주문하지 않아도 늘 먹던 메뉴를 알아서 가져다주는 것처럼요. 검색창까지 가지 않아도 소셜미디어 앱만 켜면 원하는 걸 가져다주는 겁니다.

친근하면서도 편리한 서비스에 이용자 만족도가 올라갑니다. 자연히 서비스를 이용하는 시간도 늘어나겠지요. 추천 게시물을 보여주는 이유가 여기 있어요. 편리함에 길든 사람들이 가능한 한 오래 그곳에 머물게 하는 거예요. 실시간 검색어와 인기 급상승 동영상을 보여주는 것도 마찬가지입니다. '기계가 아니라 사람이 결정하는 것이다. 그래서 완벽하지 않다.' '언제나 의도가 숨어 있다.' '중립적이지 않다.' 이렇게 알고리즘의 부작용을 경고하는 전문가들은 게시물의 추천 기준을 이용자에게 공개하라고 요구합니다. 나아가 시민들이 소셜미디어 기업을 감시해야 한다고 주장해요.

때마침 페이스북에서 일했던 직원 한 사람이 내부 문서를 폭로했습니다. 2018년부터 가짜뉴스를 비롯해 청소년에게 해로운 정보가 더 많이 노출되고 있다는 내용이었죠. 공유가 활발하고 댓글이 많이 달릴 만한 글이 이용자들의 눈에 잘 들어오도록 페이스북에서 알고리즘을 조정한 결과라고 해요. 소셜미디어에서는 극단적 주장을 펼치거나 상대의 감정을 도발하는 게시물일수록 주목을 끌기 쉽습니다. 정치인의 인기와 미디어의 수익도 관심의 크기에 비례해요. 결국 소셜미디어에서 사람들의 반응을 끌어내려면 알고리즘의 규칙에 따라야 하는 거죠. 내 의견은 과격하게 쏟아내고, 나와 다른 생각은 거칠게 비난하는 식으로요.

그 때문일까요? 언젠가부터 소셜미디어로 대표되는 디지털 사회에서 갈등과 소란이 끊이지 않습니다. 소셜미디어 바깥의 여론 또한 과거보다 극단적으로 나뉘는 경향이 나타나고 있어요. 보고 싶은 것만 보면서 나와 다른 생각엔 눈 감으려는 태도를 보이는 사람들이 늘고 있습니다. 이런 변화가 SNS의 탓만은 아닐 거예요. 그렇지만 SNS에서 익힌 습관이 영향을 미쳤다는 것은 충분히 짐작할 수 있어요. 소셜미디어 플랫폼 기업들이 사회적 책임을 가져야 한다는 목소리는 그래서 나오는 겁니다. 이용자들의 생각이 한쪽으로만 쏠리지 않도록 알고리즘에 신경을 써야 한다고 말이에요.

한두 해 전부터 포털사이트 기업들이 실시간 검색어 순위를 공개하지 않고, 뉴스 기사의 댓글 입력창을 없앤 이유도 비슷합니다. 미국에서는 소셜미디어에 접속한 이용자에게 알고리즘을 통해 콘텐츠 추천이 이뤄진다는 사실을 알리고, 계속 추천받을 것인지 선택하게 하는 '필터 버블 투명성 법안'이 논의되고 있어요. 나쁜 콘텐츠 추천을 막는 '악성 알고리즘 방지법'을 만들자는 이야기도 나온대요. 재미와 중독만을 목표로 알고리즘 기술이 발달한다면 소셜미디어에 올라오는 콘텐츠는 갈수록 과격해지고 극단적으로 변해갈 테니까요.

우리가 만든 정보들을
소셜미디어 기업이 독차지해요

감춰진 정보를 캐내서 진실을 밝히고, 이를 신문·방송 등을 통해 시민에게 알리는 사람. 많은 사람들이 생각하는 전통적 기자의 모습입니다. 물론 지금도 틀린 말은 아니죠. 하지만 과거보다 훨씬 많은 정보가 공개되면서 기자들만이 밝혀낼 수 있는 사건이나 비밀이 줄어들었습니다. 누구나 정보공개를 요청할 수 있어요. 국가의 주요 문서까지도요. 평소에도 검색만 잘하면 구하지 못할 소식이 없을 정도예요. 오히려 정보가 너무도 많아서 정작 무엇이 중요한지 알 수 없게 되어버린 기분이 들기도 하죠.

전 세계에서 하루 동안 생산하는 데이터의 양은 25억 기가바이트(GB)라고 합니다. 얼른 감이 안 잡히죠? 이 숫자는 인류가 지난 5000년간 축적한 모든 정보의 합과 맞먹는다고 해요. 빅데이터 시대*라는 이름이 붙을 만하죠. 이렇게 생성된 정보는 인간을 풍요롭게 만

★ 기술이 발달하면서 사람의 감정, 버릇, 동선 등 예전에는 무심코 지나쳤을 사소한 일상 정보까지도 수집하고 분석할 수 있게 되었어요. 이렇게 생산된 거대한(big) 데이터는 그 자체로 가치를 지니기도 하고, 다른 방면에 널리 활용되고 있어요.

드는 데 사용됩니다. 도전할 수 있는 영역을 넓혀주고 돈도 벌 수 있게 해줘요. 특히 인공지능(AI)의 등장은 커다란 변화를 가져왔습니다. 인간은 끊임없이 반복하는 지루하고 어려운 일을 AI에게 맡기고, 대신 다른 곳에 시간을 쓸 수 있게 되었어요. AI는 세상의 무수한 정보를 모으고 끊임없이 분석해 사람과 비슷하게 행동하도록 진화합니다. 이 과정을 머신러닝(기계학습)이라고 해요.

질문을 입력하면 답해주는 챗봇(Chat Bot)을 떠올려볼게요. 챗봇은 어떻게 사람의 말을 알아듣고 사람처럼 대답할까요? AI로 챗봇을 만들려면 '자연어'라고 하는 일상의 대화, 사람의 생생한 언어가 필요합니다. 특히 디지털 세계를 기반으로 이

용되는 챗봇에게 인간의 온라인 언어문화는 더없는 학습 자료예요. 포털사이트의 댓글, SNS의 게시글도 빼놓을 수 없겠죠. 이렇듯 챗봇뿐 아니라 디지털 플랫폼 기업이 기술을 발전시키는 데 필요한 정보는 플랫폼 이용자에게서 나옵니다. 메신저 대화, 기사의 댓글, 소셜미디어의 게시글과 반응이 모두 기술의 재료가 되죠. 이를 바탕으로 AI와 알고리즘을 끊임없이 개선합니다. 그런데 그렇게 중요한 이용자의 정보는 누구의 허락을 받고 쓰는 걸까요?

심지어 소셜미디어 기업은 수집한 정보를 돈을 받고 팔기도 합니다. 개인정보를 유출하는 게 해커만은 아니란 이야기죠. 수집되는 정보도 갈수록 촘촘하고 방대해지고 있어요. 2021년 틱톡의 한국어판 개인정보 처리방침을 보면 '이용자들이 올리는 영상 속 물체, 풍경, 이미지 안에 포함된 얼굴이나 신체적 특징, 오디오 정보가 수집될 수 있다'고 되어 있어요. 틱톡은 미국에 거주하는 이용자들에게는 '이용자의 목소리, 얼굴 사진 등 생체 인식 정보도 수집한다'고 공지했어요. 추천 기능과 영상 효과 등을 위해 사용된다지만 그대로 믿어도 될까요? 소셜미디어 기업은 대가 없이 수집한 이용자 정보로 회사를 키우고 돈을 법니다. 이탈리아의 미디어학자 티지아나 테라노바는 사람들이 SNS에서 일상을 보내는 일을 두고 "공짜로 데이터 노동을 하는 처지"라고 표현하기도 했습니다.

2021년 공정거래위원회(공정위)가 처음으로 소셜미디어 기업들의 '데이터 독점'을 조사했어요. 독점이란 상품·서비스의 공급을 하나의 기업이 독차지해서 시장을 지배하는 상황을 의미합니다. 경쟁자가 없는 독점기업은 막강한 힘을 갖게 되죠. 공정위는 이런 독점 행위를 감시하고 규제하는 기관이에요. 그런데 디지털 플랫폼 기업이 이용자의 데이터를 독점하는 것은 어떻게 감시할까요? 안타깝게도 아직 뾰족한 방법은 없어요. 스마트폰 앱을 비롯한 디지털 서비스는 접속만 해도 이용자의 정보를 수집합니다. 그 정보를 바탕으로 서비스를 운영하니까요. 이걸 너무 당연하게 여기다 보니 문제가 된다는 생각조차 하지 못했던 거예요.

특히 소셜미디어는 이용자가 자신의 일상을 글과 사진 등의 데이터로 만들어 공유하는 플랫폼입니다. 이용자들이 생산한 모든 콘텐츠를 데이터베이스에 저장해서 보여주는 게 서비스의 목적이에요. 그렇다면 나의 계정에 올라간 사진은 내 것일까요, 아니면 기업의 것일까요? 데이터는 내가 만들지만, 그 데이터를 이용해 돈을 버는 것은 소셜미디어 기업이에요. 수익을 공유하지도 않죠. 어때요? 이제는 좀 이상하다는 생각이 드나요? 내가 만든 정보에 대해 어디까지 권리를 주장할 수 있을까요? 보잘것없던 데이터가 가치를 지닌 자원으로 활용되면서 우리가 사는 세상은 편리함을 얻었습니다. 이제 그렇게 유익한 우리의 데이터가 어떻게 관리되어야 하는지 사회적 합의를 만들어야 하는 때입니다.

소셜미디어 속의 '나'는
진짜 내 모습인 걸까요?

중학생인 '나'는 열심히 공부합니다. 물론 친구와 게임을 할 때 제일 행복하지만요. 동생과 싸워서 부모님께 혼나고 종일 우울하기도 해요. 그러다가도 무거운 짐을 든 어르신을 보면 후다닥 달려가 도와요. 요즘은 친구한테 애인이 생기는 바람에 나랑 노는 시간이 줄어서 서운해요. 쟤네가 헤어지면 좋겠다는 못된 생각도 해봐요. 너무 이랬다저랬다 하는 걸까요? 속마음은 전혀 아니면서 착한 척하는 사람인 걸까요? 아니에요. 원래 인간은 여러 모습을 가지고 있어요. 남에게 보여주고 싶은 것과 숨기고 싶은 것을 선택해 표현할 뿐이지요.

소셜미디어가 등장하면서 내 안의 다양한 자아를 표현할 방법이 생겼어요. 마음만 먹으면 SNS 속에서 '모두가 부러워하는 나'를 만들 수 있죠. 우선 일상에서 부끄럽거나 놀림 당할 것 같은 일은 뺍니다. 잘한 일, 기쁜 일만 선택해요. 맛집에 간 날, 여행을 떠난 날, 친구에게 선물을 받은 날, 비싼 옷을 산 날, 시험을 잘 본 날만 기록으로 남겨요. 얼마 지나지 않아 소셜네트워크에서 나는 언제나 행복한 일만 일어나는 사람이 되어 있을 거예요.

물론 정말로 사는 게 즐겁기만 한 사람은 없을 겁니다. 소셜미디어 속 모습이 나의 전부인 것처럼 비친다면 오해가 생기기 쉬워요. 예를 들어 친구가 내게 고민을 털어놓고 싶다가도 SNS에서 본 행복하기만 한 모습을 떠올리며 '저 녀석이 과연 내 우울한 마음을 알아줄까?'라며 망설이게 되지는 않을까요? 나 역시 그 친구 못지않은 근심거리를 안고 있음에도 말이죠.

이런 경우는 드물지 않습니다. 수백만 명이 구독하는 채널에서 거침없이 말을 쏟아내는 유튜버가 사실은 누구보다 수줍은 사람일 수 있어요. 절약 정신으로 가득한 일상을 소개하는 브이로그의 주인공이 알고 보면 엄청난 부자일 수도 있고요.

소셜미디어는 나의 일부, 일상의 일부를 실제보다 확대해 보여줍니다. 기쁨과 슬픔, 즐거움과 노여움이라는 감정을 실제로 겪은 것보다 과장하는 효과가 있어요. 말했듯이 소셜미디어에서 관심을 받으려면 자극적인 콘텐츠를 만들어야 하기 때문입니다. SNS가 지금처럼 활성화되기 전에도 이런 과장법은 존재했습니다. 게시물의 실제 내용과 무관한 낚시성 제목을 붙이는 게 대표적이에요. '제목 장인' '댓글 장인'이라는 이름으로 클릭을 유도하는 제목과 댓글을 다는 방법이 공유되기도 했습니다.

사진과 영상을 공유하는 소셜미디어가 유행하면서 사람들은 폭포나 고층건물 꼭대기에서 아슬아슬하게 서 있는 순간을 찍어서 올립니다. 그러다 목숨을 잃기도 하지만 멈출 순 없어요. 팔로우와 조회 수를 늘리고 실시간 인기 순위에 들기 위해서는 다른 계정보다 튀어야 하거든요. 다양한 부캐와 아바타로 여러 자아를 표현하고 또 그런 자신을 스스로 홍보할 수 있어야 한다고들 말합니다. '여러 개의 직업을 가진 n잡러가 SNS로 나를 세일즈하는 시대'라고요.

소셜미디어가 원래 인간이 가지고 있던 여러 모습을 표현하게 만든 걸까요? 아니면 사람들이 소셜미디어에 맞춰서 다양한 자아로 살아가는 걸까요? 잘 모르겠습니다. 분명한 건 남의 관심과 반응에만 기준을 두고 행동하다 보면 진짜 내 생각과 내 모습은 나와 점점 멀어진다는 거예요. 관심을 위해 꾸며낸 소셜미디어 속 나는 진짜 내가 아닐 수도 있으니까요. 가짜로 꾸며서라도 팔로워와 구독자의 선택을 받는 것이 나답게 행복한 인생을 사는 것보다 중요할까요?

세상을
연결하는
소통의 허브?

진짜 세상과
단절된
허상?

아침에 일어나면 가장 먼저 스마트폰을 찾습니다. SNS 앱을 켜고 잠든 사이 올라온 소식을 읽어요. 간밤에 올려둔 사진에 친구들이 하트를 누르고 댓글도 남겼군요. 나도 친구가 새벽에 '내일 중요한 일이 있는데 잠이 오지 않는다'라고 쓴 글에 하트와 함께 힘내라는 댓글을 달아요. 타임라인을 따라 손가락으로 화면을 내리다 보면 어느새 세상과 연결된 느낌입니다. 태어나서 한 번도 가보지 않은 지역, 자고 있어 알지 못했던 순간으로도 이어져요. 왠지 모르게 안심이 되기도 하죠.

월, 화, 수, 목, 금, 토, 일. 여러분에겐 어떤 요일이 가장 괴로운가요? 보통은 주말이 끝나고 다시 등교나 출근하는 월요일이 유독 힘들지요. 그래서일까요. 월요일이 다가옴을 알리는 소셜미디어 계정이 있습니다. 매주 일요일 밤마다 이곳은 게시글과 댓글로 북적거려요. 계정의 주인과 팔로워들이 한목소리로 곧 맞이할 월요일의 괴로움을 이야기하죠. "나만 힘든 게 아니구나!"라며 위로를 받고, "그래도 주말은 다시 온다"라는 댓글에 힘을 내보기도 하고요. 사실 '월요일 계정'은 한국어뿐 아니라 영어에도 있습니다. 사람 사는 건 어디나 똑같은가 봐요.

내 심정을 알아주는 소셜미디어라는 존재가 없다면 어떻게 살았을까 싶다가도 생활이 너무 바빠 한동안 접속도 못 할 때가 있습니다. 하지만 나만 로그아웃했을 뿐 달라진 건 없어요. 내가 없어도 소셜네트워크 세상은 잘 돌아갑니다. 언젠가부터 새 소식이 들리지 않는 계정, 모르는 새 팔로우가 끊긴 계정, 갑자기 비공개로 전환된 계정, 흔적 없이 사라진 계정… 소셜네트워크는 연결의 공간이지만 동시에 의외로 쉽게 단절을 경험하는 공간이기도 합니다. 로그아웃 버튼이나 계정 탈퇴를 클릭하는 것만으로도 충분하죠. 우리는 정말 연결된 걸까요?

모든 길은 소셜미디어로
통해요!

시공간을 초월해
이어질 수 있어요

몇 해 전 트위터는 6개월 이상 접속하지 않은 계정을 삭제한
다는 지침을 만들었습니다. 사람과의 소통이 아니라, 마케팅
목적으로만 쓰이다가 방치된 '유령 계정'을 정리하겠다는 거
였죠. 기술 발전에 맞춰 디지털 관련 법령 개정이 이뤄지고, 특
히 개인정보보호가 강조되는 흐름에서 휴면 계정을 그대로 둘
수 없다는 이유도 들었습니다. 트위터 측의 입장엔 일리가 있

어요. 그렇게 하더라도 매일 접속하는 나 같은 사람의 계정에
는 아무 영향도 없고요.

그런데 접속 기록이 없는 게 계정 주인이 세상을 떠났기 때
문이라면 어떤가요? 그 사람과의 추억을 되돌아보며 이야기
할 수 있는 공간이 SNS 계정뿐인데도 단지 접속하지 않았다
는 이유로 없애야 할까요? 일찍 세상을 등진 한 아이돌 가수의
팬들은 트위터의 방침에 항의하며 그의 계정을 추모공간으로
유지할 수 있게 해달라고 요청했습니다. '#소중한추억_없애지
말아줘'라는 해시태그를 달아서요. 그의 계정은 더는 새로운
게시물이 올라오지 않아요. 하지만 팬들은 가수가 남긴 글과
사진에 여전히 댓글로 애정을 표하며 소통하고 있습니다. 마
침내 트위터는 "고인의 계정에 영향을 줄 수 있다는 사실은 우
리가 놓친 부분이다. 세상을 떠난 이들을 추모하고 기억할 방
법을 찾을 때까지 계정을 지우지 않겠다"라며 정책을 철회했
습니다. 팬들에게 건네는 사과와 함께요.

소셜미디어를 통해 우리는 매일 시간과 공간을 뛰어넘어
인연을 맺습니다. 멀리 이사하거나, 다른 나라로 이민을 떠난

친구와도 방금 겪은 일을 공유할 수 있어요. SNS의 알고리즘이 내가 알 수도 있는 계정이라며 추천해준 덕분에 오랫동안 소식이 끊겼던 인연을 되찾기도 해요. 심지어 존재조차 모르던 가족까지도요. 2013년 미국에 사는 사만다는 영화를 보다가 소스라치게 놀랐습니다. 자신과 얼굴, 키, 목소리까지 똑같은 사람이 등장한 거예요! 너무 신기해서 그 배우의 페이스북 계정을 찾아 메시지를 보냈죠. 프랑스에 사는 아나이스라는 사람이었어요. 이듬해 두 사람은 영국 런던에서 만났죠. 알고 보니 두 사람은 1987년 한국 부산에서 태어난 쌍둥이 자매였던 거예요! 태어나자마자 각자 다른 곳으로 입양되는 바람에 25년간 서로의 존재도 모르고 살아온 거죠. 소셜미디어가 없었다면 나와 똑같이 생긴 영화 속의 배우에게 어떻게 연락할 수 있었을까요?

우리가 SNS에 남긴 기록은 타임라인을 타고 시공간을 초월해 목적지에 도착합니다. 실시간이기도 하지만 며칠 뒤, 몇년 뒤에 발견되기도 하죠. 아주 오래된 노래나 드라마가 '역주행'이라는 이름으로 그 작품들이 만들어지고 한참 뒤에 태어난 사람들에게까지 사랑받습니다. 소셜미디어가 만든 또 하나의 연결입니다.

TV로만 보던
사람과 대화하고 있어요

2020년 새로운 소셜미디어가 등장했습니다. 글, 사진, 영상을 올리는 여느 SNS와 달리 목소리로만 소통하는 '클럽하우스'라는 플랫폼이에요. 특정 주제의 대화방을 개설해 사람들과 이야기를 나누는 공간이죠. 클럽하우스는 계정을 만드는 방법도 독특합니다. 기존 회원에게 초대장을 받아야 가입할 수 있어요. 입소문을 탄 이 색다른 소셜미디어에 전 세계 사람들이 몰렸습니다. 초대장을 돈으로 사고팔기도 했죠. 클럽하우스의 대화방에는 유명인사들도 곧잘 얼굴을 내비쳤습니다. 전기차 기업 테슬라의 창업자 일론 머스크가 이곳을 드나들며 가상화폐 등의 관심사를 나눈 일이 떠들썩하게 보도되었죠. 페이스북의 최고경영자 마크 저커버그, 방송 진행자 오프라 윈프리도 클럽하우스에 나타났어요. 한국의 정치인, 연예인 들도 대화방을 개설해 소통에 나섰습니다.

코로나19 백신 접종을 막 시작하던 무렵에는 의료인과 방역 전문가들이 클럽하우스에 모여 토론방을 열기도 했습니다. 백신의 효과와 부작용에 대해 걱정이 많던 때였거든요. 이 방에서만 300명이 넘는 사람들이 모여 정보의 옥석을 가렸습니다. TV나 뉴스에서만 보던 사람들과 이야기를 주고받을 수 있다니! 그동안 소셜미디어의 연결성을 의심했던 이용자들조차 클럽하우스에 열광했고, 1년도 안 돼서 앱의 다운로드 수는 1000만 건을 넘겼습니다.

클럽하우스 이전의 소셜미디어 플랫폼도 비슷한 과정을 거쳐 성숙해왔어요. 처음에는 현실의 친구와 연결되죠. 계정 가입자가 늘면서 우연히 만나는 사람들이 생깁니다. 그리고 클럽하우스의 경우에서 보듯 유명인의 계정은 플랫폼의 성장에 커다란 동력으로 작용해요. '파워 계정' '인플루언서' '100만 구독 계정' 등 직접 만나기 힘든 사람들과 연결을 체험하려는 이들이 모여드는 거죠. 타임라인에 올라온 대통령, 국회의원, 장관, 교황, 기업가, 억만장자, 배우, 가수의 일상을 접하며 그들과 친근한 관계가 된 듯한 효능감을 얻지요. 직접 메시지를 보낼 수도 있어요. 때때로 답장을 받거나 대화를 나눌 수도 있겠죠. 그 사람들이 진짜 친구를 대하듯 사적이고 속 깊은 이야기까지 꺼내지는 않겠지만요.

사는 곳, 언어, 생활 수준, 직업, 사회적 지위에 상관없이 SNS에서는 모든 계정이 동등하게 연결됩니다. 현실에선 나와 너무 달라 만날 일이 없고, 만날 수도 없는 이들과 맺는 느슨한 관계, 느슨한 친밀감이야말로 소셜미디어가 세상에 등장한 이유이자 계속해서 성장해가는 비결이 아닐까요?

SNS가 없었다면
우린 어디서 만났을까요?

코로나19 바이러스가 전 세계로 확산하면서 지구에서는 뜻하지 않은 실험이 하나 진행되었어요. 사람과 사람이 서로 만나지 않고도 살 수 있을까 하는 것이었습니다. 실험을 직접 경험한 우리는 그 결과를 알고 있지요. 괴롭고 힘들지만 가능한 일이었습니다. 비대면 수업, 재택근무, 화상 회의, 앱을 이용한 음식 주문과 배달까지 기술이 구현한 서비스의 도움을 받았죠. '사회적 거리두기'가 시작되자 일본에서는 〈집에서 춤추자)라는 노래가 큰 인기를 얻었습니다. 만날 수 없는 시절을 잘 견디고 다시 만나자는 내용이었는데, 사람들이 이 노래에 맞춰 집에서 춤추는 영상을 SNS에 연이어 올린 거예요. 서로 잘 있다고 인사하듯이요. 이처럼 기약 없이 집에만 머물던 상황에서도 우리는 소셜네트워크에서 각자의 일상을 공유하며 위안을 받았습니다.

사실 현대사회는 코로나19가 발생하기 전부터 이른바 '비대면 생활'에 익숙해지고 있었습니다. 온라인 쇼핑이 생기면서 마트나 백화점을 찾지 않게 됐죠. 주민등록등본 같은 공문서도 주민센터까지 갈 필요 없이 인터넷에서 발급받아요. 입사 면접을 화상으로 보거나, 회사와 멀리 떨어진 도시에 살면서 일하기도 하고요. 바이러스가 이런 생활을 더 보편화했을 뿐이에요. 부동산 거래를 앱으로 중개하는 '직방'이라는 회사는 팬데믹이 길어지자 현실의 사무실을 메타버스, 즉 가상현실로 옮겼습니다. 출근 준비를 마친 300명 넘는 직원들은 컴퓨터를 켜고 가상현실에 마련된 사무실로 입장합니다. 각자 자리에서 업무를 처리하고, 회의실에서 회의도 하죠. 옆 사람과 잡담도 하고, 자리에서 커피도 마셔요. 예전과 똑같아요. 직접 대면하지 않고 메타버스에서 아바타로 만난다는 차이만 있는 거죠.

코로나19를 겪으면서 비대면 기술의 발전이 10년 이상 앞당겨졌다고 합니다. 편지, 전보, 전화, 문자메시지, 이메일, 메신저, SNS까지 소식을 전하는 기술이 발달하면서 주고받을 수 있는 데이터의 양도 크게 늘었어요. 이제는 화상으로 자료를 같이 보면서 회의하는 데 아무런 불편함을 느끼지 않죠. 머지않아 우리는 대면보다 비대면 방식을 더 자연스럽게 여기게 될지도 모릅니다.

소셜네트워크에 너무 길들수록 현실에서 진짜 사람을 만나지 않게 되어 외로움이 커진다는 연구 결과가 있습니다. 거꾸로 사람들이 예전보다 외로움을 많이 타서 소셜미디어가 나온 거라는 분석도 있고요. 두 가지 모두 그럴듯한 가설이에요. 인간은 만날 수 없는 상황을 극복할 기술을 발전시켰고, 그 기술이 꼭 만나지 않아도 되는 현실을 이끌어낸 셈이죠.

직접 경험하지 못해도
공감하고 연대할 수 있어요

2022년 러시아가 우크라이나를 침공했습니다. 모든 전쟁이 그렇듯 시민들의 터전이 파괴되고 수많은 목숨이 희생되었어요. 처음에는 대부분의 나라가 러시아를 비판하면서도 손을 놓고 있었습니다. 세계 2위의 군사강국인 러시아가 손쉽게 이길 전쟁으로 보았던 거죠. 그런데 현장 상황을 담은 영상이 소셜미디어에 퍼져나가면서 흐름이 바뀌었어요.

특히 모두의 예상을 깨고 최대 격전지인 수도 키이우에 남은 우크라이나 대통령이 페이스북을 통해 발표한 결사항전의 메시지는 국민과 전 세계에 깊은 인상을 남겼습니다. 그는 가짜뉴스를 바로잡고, 각국에 도움을 호소하는 데도 소셜미디어를 활용했습니다. 이를 지켜본 세계 시민들에게 우크라이나의 전쟁은 '남의 나라 일'이 아니게 되었죠. 총을 들고 러시아군에 맞서거나 피란길에 오른 우크라이나인들을 응원하는 목소리가 전 세계 소셜미디어를 가득 채웠어요. 마침내 국제사회의 여러 나라가 우크라이나와 함께하는 움직임에 동참하기 시작했습니다.

소셜미디어는 인간의 존엄, 그리고 세계 평화와 관련된 일에서 사람들을 연결하고 묶는 고리가 될 수 있어요. 전쟁뿐 아니라 지진과 쓰나미·태풍 등 자연재해나 재난이 발생하면, 세계 각지에서 그 상황을 생생하게 지켜봅니다. 소셜미디어를 통해서요. 현지에 직접 방문하진 못해도 도울 방법을 찾고, 고통받는 이들에게 힘을 주려고 노력하지요.

예전에는 전화선이 끊기고, 기차와 비행기가 멈추면 다른 나라의 소식을 들을 수 없었어요. 한 나라 안에서도 각자 사는 지역, 내 주변의 일만 접하는 게 대부분이었죠. 다른 세상, 다른 인생과의 만남은 책이나 TV·영화 같은 전통적 미디어가 골라서 보여주는 데서 만족해야 했습니다. 거대한 사건, 위대한 인물들이지만 그래서 너무 먼 이야기이기도 했죠. 반면 소셜미디어는 훨씬 촘촘한 미디어에요. 각자의 관점과 인생의 경험으로 말하고 싶고 알리고 싶은 걸 담는 그릇이에요. 과장되고 꾸며낸 이야기도 있으니 잘 걸러서 봐야겠지만, 그 안에는 세대와 계층을 초월해 세상을 살아가는 크고 작은 주인공들의 모습이 담겨 있답니다.

한 사람이 직접 보고 듣고 경험할 수 있는 세계는 한정적이에요. 하지만 소셜네트워크에서는 다른 사람의 글과 영상을 통해 몰랐던 세상, 상상만 하던 세상을 만날 수 있습니다. 전쟁을 겪은 나라의 가슴 아픈 사연은 평화가 왜 소중한지 알려줍니다. 지구 온난화로 빙하가 녹아 점점 물이 차오르는 마을의 모습에서 기후위기의 심각성을 깨닫지요. 한국어로 글을 남기는 외국인의 계정을 보면서 한국과 한글에 대한 자부심을 느끼기도 합니다.

소셜네트워크에서의 간접 경험은 시행착오를 줄일 기회를 제공하기도 해요. SNS에 공개된 수많은 이야기 가운데는 어떤 것을 판단하고 실행하기까지의 과정과, 그에 따른 결과와 평가가 담겨 있습니다. 삶에서 중요한 결정을 내릴 때 참고할 수 있는 귀중한 선례가 되죠. 나보다 먼저 학업이나 취업에 대해 고민하고 문제를 풀어나간 사람들의 경험담을 통해 '나도 저렇게 해야지'라거나 '나는 저러지 말아야지'라고 다짐해요. 물론 좋은 예와 나쁜 예를 분별하는 안목이 필요할 거예요.

오히려 세상과 단절되는
경험을 했어요!

우리는 정말
연결되어 있을까요?

2000년대 중후반까지 싸이월드는 세상의 중심이었어요. 적어
도 젊은 세대들에게는요. 일어나자마자, 그리고 잠들기 직전
까지 1촌(팔로워)들의 미니홈피(계정) 파도(서핑)를 탔습니다.
방명록(피드)의 글에 답하고, 나도 1촌의 방명록에 인사를 남
겨요. 도토리(가상화폐)를 사서 수시로 배경음악(BGM)을 바꾸
고, 내 미니미(아바타)가 입은 옷과 감정 아이콘(상태표시)을 변

경해줍니다. 싸이월드에 올릴 사진을 찍으려고 셀카가 잘 나오는 디지털카메라도 샀어요. 이처럼 '싸이 폐인'들의 모든 생활이 '싸이질'에 맞춰진 시절이 있었죠. 무엇이 싸이월드에 빠져들게 했을까요? 글과 사진으로 각자의 일상을 공유하고, 다양한 인연으로 연결된 사람들과 소통하는 재미는 지금의 SNS와 똑같아요. 나를 표현하고 다른 사람을 엿보는 것. 다만 지금이야 이런 온라인 연결을 자연스러운 일로 여기지만 당시에는 처음 경험하는 신세계였습니다.

그런데 '싸이 없이 무슨 재미로 살까'라고 했던 이용자들은 스마트폰이 등장한 이후 다양한 소셜네트워크 서비스가 등장하자 새로운 플랫폼으로 갈아타기 시작했습니다. 옮겨간 이유 중에는 너무 많은 사람과 1촌을 맺었다는 점도 있어요. 헤어진 연인, 내 일상을 더는 보여주고 싶지 않은 친구, 부모님과 선생님처럼 온라인에서 마주치기가 불편한 관계가 늘어난 거예요. 미니홈피 문을 닫아버리거나 탈퇴하는 사람도 꽤 많았죠. 그러고는 아무하고도 연결되어 있지 않은 SNS로 가서 새로운 관계를 만들었습니다. 한때 접속자가 1000만 명이 넘었던 싸이월드는 그렇게 사라지고 말았어요.

1촌으로 표현되던 싸이월드 안에서의 연결은 모두 끊겼습니다. 글과 사진, 방명록과 일기 등 일상의 기록도 삭제됐어요. 존재해서 다행이라 느꼈던 안도감은 아무 의미가 없었던 걸까요? 문화인류학자 로빈 던바는 《프렌즈》(2022)라는 책에서 기술이 새로운 인간관계를 만들어내는 게 아니라고 설명합니다. 또 한번 멀어진 사이는 소셜네트워크로 연결된다고 해서 다시 가까워지지 않는다고 해요. 생각해보면 SNS 팔로워는 원래 친구이거나 어떤 식으로든 알던 사람인 경우가 대부분입니다. 졸업한 뒤 만남이 뜸했던 친구와 페친을 맺는다고 해서 연락이 늘지는 않아요. 소식은 끊기지 않고 접하지만요.

사람을 많이 모아야 회사의 수익이 늘어나는 소셜미디어 플랫폼은 계속 친구를 늘리라고 제안합니다. 그런데 SNS를 시작하고 나서 '친구'가 많아졌나요? 팔로우가 수천, 수만 명이라고 해도 계정을 삭제하는 순간 모든 연결은 신데렐라의 화려한 마차처럼 '펑' 하고 사라집니다. 타임라인과 뉴스피드에서 매일 만나는 계정들과 우리는 과연 이어져 있는 걸까요?

진짜 세상과 단절된
'으슥한 골목'일지도 몰라요

"적어도 디지털상에서 우리를 찾는 고객만큼은 안전하게 지켜야 한다는 책임감을 느낍니다. 고객에게 으슥한 골목에서 만나자고 제안하지 않을 것입니다." 2021년 러쉬(LUSH)라는 화장품 브랜드가 소셜미디어 계정 운영을 중단하면서 발표한 성명입니다. 러쉬는 소셜미디어가 이용자들이 "멀리해야 할" 공간이 되었다는 우려와 함께, 특히 러쉬의 주요 소비자인 젊은 세대가 위험에 노출되어 이런 결정을 내린다고 밝혔습니다. 소셜미디어에서 마주하게 되는 위험이란 무엇일까요?

불안, 우울, 자살충동…. 인스타그램을 하는 10대 여성이 자주 겪는 감정이라고 합니다. 외모가 돋보이는 사진과 화려한 소비생활을 전시하듯 담아낸 영상을 계속 보다 보면 끊임없이 남과 자신의 처지를 비교하게 되지요. 그렇다고 남들이 과장해서 올린 SNS에서의 모습을 열심히 따라 해본들 현실은 변하지 않습니다. 오히려 좌절하기 쉽고 자존감도 떨어져요. 인스타그램을 운영하는 메타(페이스북)의 전 직원은 회사가 이런 사실을 알면서도 아무런 조치도 하지 않았다고 폭로했습니다.

몇 해 전 'n번방 사건'이 터지면서 트위터를 통해 성범죄와 성 착취물 판매가 일어나고 있다는 사실이 드러났습니다. 트위터는 문제 해결을 요구한 정부와 전문가들의 의견을 받아들여 청소년들에게 나쁜 영향을 미칠 수 있는 게시물을 관리하겠지만, 100% 지우는 건 불가능하다고 밝혔습니다. 임의로 게시물을 숨기거나 삭제하는 일이 많을수록 표현의 자유가 줄어든다는 이유였어요. 디지털 세상은 현실의 사회만큼 체계적이지 않습니다. 기술이 너무 빨리 앞서가니 제도와 규제, 법이 따라가지 못하는 경우가 많거든요. 워낙 방대한 세계라서 관리나 감시가 쉽지 않은 측면도 있고요.

소셜네트워크에서는 어른들의 눈에는 보이지 않는, 친구들끼리의 커뮤니티를 만들 수 있습니다. 그래서 위험을 미리 알아차리거나, 도움이 필요한 사람을 찾아내기가 힘들어요. 'n번방'처럼 문제가 걷잡을 수 없이 커지고 난 뒤에야 세상에 알려지기도 합니다. 소셜네트워크가 부모님과 선생님의 감시망에서 벗어나 자유롭게 행동할 수 있는 공간인 동시에, 제대로 보호받기 어려운 환경이라는 의미입니다. 계정 주인이 현실에서 어떤 사람인지 알 수 없기에 소통하더라도 조심해야 해요. 무엇인가 잘못됐다는 생각이 들면 바로 어른에게 도움을 청하거나 청소년지원단체의 문을 두드려야 합니다.

한국사이버폭력대응센터에 도움을 구했던 10대 여성 10명 중 3명 이상(36.1%, 2018년)이 '그루밍 성폭력'을 겪었다고 답했습니다. 그루밍(grooming)은 '길들인다'라는 뜻이에요. 마부가 말의 털을 빗기는 행동에서 따온 말인데, 피해자에게 다정하게 대해 친근하고 믿을 만한 관계라고 착각하게 만든 후 본색을 드러내는 수법입니다. 성인 남성이 SNS나 채팅 앱에서 미성년 여성에게 이렇게 접근하는 경우가 많다고 해요. 고민을 들어주고 비싼 선물도 사주면서 신뢰를 쌓은 다음 성적인 영상을 찍어서 보내 달라고 요구합니다. 이런 영상은 절대 찍어도 안 되고 보내서도 안 됩니다! 그런 요구를 하는 것만으로도 커다란 범죄예요. 성관계나 성매매 강요로까지 이어질 수 있습니다. 거절하면 주고받은 영상을 세상에 공개하겠다는 협박과 함께요. 무엇보다 이런 위험은 SNS 계정을 없애고 로그아웃한다고 끝나지 않아요.

소셜네트워크는 분명 자유로운 표현, 다양한 만남을 경험할 수 있는 '가능성의 세계'예요. 하지만 너무 몰입해 현실 감각을 잃어버리지 않도록 주의를 기울여야 합니다. 진짜 세상과 단절되는 순간 얼마든지 '으슥한 골목'으로 바뀔 수 있으니까요.

내 계정은 어디에
연결된 걸까요?

2015년, 열여덟이었던 한 고등학생이 극단주의 테러집단인 IS(이슬람국가)에 가입하겠다는 말을 남기고 갑자기 사라졌습니다. 그는 튀르키예(터키)에서 친구를 만나 시리아 접경 지역으로 간 이후 행방이 끊겼습니다. 당시 시리아는 전쟁이 한창이었고, IS는 그곳에서 온갖 만행을 저지르고 있었지요. 그런 곳에 한국 청소년이 스스로 찾아갔다고 하니 사람들은 충격을 받았습니다. 학생이 IS와 어떻게 연락했는지 궁금증도 커졌죠. 조사 결과 이 학생은 SNS로 IS를 따르는 사람들과 메시지를 주고받은 사실이 밝혀졌습니다. 컴퓨터로 IS 가입 방법을 검색한 흔적도 발견됐어요.

"스마트폰과 칼만 있으면 누구나 테러를 할 수 있다." IS가 조직원을 모집할 때 쓰는 문구입니다. 사회에 불만이 있는 젊은이들의 호기심을 자극하는 이런 내용과 함께 자신들의 활동을 담은 영상을 제작해 소셜미디어에 공유합니다. 무엇이든 실시간으로 전 세계에 전파하는 SNS가 IS의 손쉽고 재빠른 홍보 도구가 된 것이죠. 이제 누구든지 소셜네트워크에서 테러집단의 계정과 우연히 마주칠 수 있는 거예요.

"거짓말 안 하고 진짜 좋다. 너무 만족해요. 여러분, 이거 사요. 절대 후회 안 해요." 광고비나 협찬을 받았다는 사실은 감추고 제품을 홍보한 인플루언서와 유튜버들이 적발된 적이 있습니다. '뒷광고'라는 말이 생길 정도로 논란이 컸던 사건이었습니다. 광고임을 몰랐던 구독자들의 항의가 쏟아졌고, 몇몇 계정은 운영을 중단했지요. 무엇이 구독자들을 화나게 했을까요? 아마도 '속았다'라는 감정을 느꼈기 때문일 거예요. 구독자들은 콘텐츠에서 즐거움도 느끼지만, 계정 주인과 가식 없이 소통한다는 느낌을 받으며 응원해왔을 겁니다. 그런데 결국 돈만 벌려고 자신들을 속이며 이용하고 있었다는 사실에 실망한 거예요. 믿은 만큼 충격도 크겠죠.

상대가 보여준 그대로를 믿는 게 잘못은 아니에요. 하지만 SNS의 나와 현실의 나는 일치하지 않는 경우가 훨씬 많아요. 오래 구독하거나 팔로우했다고 상대를 다 안다고 자신하기보다는 일정한 거리를 두고 바라보는 게 좋습니다. '뒷광고' 사건 이후에도 협찬이나 광고 표시를 하지 않아서 공정거래위원회에 적발된 소셜미디어 게시물은 끊이지 않고 있거든요. 1년도 안 된 시간(2021년 4~12월)에 1만7000건이 넘는다고 해요. 건강한 소셜미디어 생활을 하고 싶다면 덮어놓고 믿기보다는 적당한 의구심을 가질 필요가 있습니다.

소셜미디어는 모두에게
열려 있지 않아요

인간의 편리를 위해 발명되는 기술은 인간이 불편해질 때 속도를 냅니다. 코로나19 확산으로 비대면 기술이 빠르게 발전했듯이요. 전기공학·증기기관·인터넷 등과 같은 혁신 기술은 세상을 완전히 뒤바꾸었고, 그때마다 인류 문명은 진화했습니다. 하지만 그 성과가 모두에게 공평하게 돌아가지는 않아요. 2021년 UN의 조사[3]에 따르면 전 세계 인구의 37%는 인터넷을 사용해본 적이 없다고 합니다. 온라인 접속 경험이 없는 사람의 96%는 '저개발국' 또는 '개발도상국'이라 불리는 나라에 살고 있어요. 소득 순위에서 아래쪽에 자리 잡은 46개국에서는 국민의 75%가 인터넷을 경험하지 못했다고 해요. 대체로 농촌보다 도시, 여성보다 남성, 고령층보다 젊은 세대가 기술의 혜택을 많이 봅니다.

세계적인 IT 강국으로 꼽히는 한국에서는 10명 중 9명 (89.3%)이 SNS를 사용해요. 아랍에미리트에 이어 세계 2위입니다. 가나(26.1%)와 케냐(20.2%), 나이지리아(15.8%)와 비교하면 5배를 넘나드는 차이를 보여요. 디지털 기술처럼 발전 속도가 빠른 분야는 소외 국가와 선진 국가의 격차가 더 크게 나타납니다. 기술의 혜택이 불공평하게 주어지는 현상, 이른바 기술 소외는 나라 안에서도 일어나요. 비대면 원격 수업이 처음 시작될 때를 되돌아볼게요. 집에 노트북이 여러 대 있거나 새 컴퓨터를 살 여유가 되는 학생은 원격 수업에 아무런 지장이 없어요. 문제는 부모님의 스마트폰을 빌려 작은 화면으로 수업을 들어야 하는 학생도 많았다는 거죠. 뒤늦게 이런 소외-격차가 존재한다는 걸 파악한 학교에서는 교육청 등의 지원을 받아 태블릿PC를 나눠주기 시작했습니다.

지난 몇 년간 식당이나 커피숍에서는 직원 대신 키오스크를 두는 경우가 많아졌습니다. 앱으로 음식을 주문하거나 인터넷 쇼핑이 익숙한 세대에게는 이런 변화가 큰 영향을 미치지 않아요. 하지만 기계 사용에 익숙하지 않고 시력도 좋지 못한 어르신 세대에게는 음식 하나 주문하는 게 수학 문제를 푸는 것처럼 어려운 일이 돼버렸어요. 메뉴를 정하고 토핑을 고른 뒤 할인 쿠폰을 적용해 결제 방법을 선택하는 과정까지 쉬운 게 하나도 없는 거죠.

소셜미디어에 접속하면 변화하는 세상 이야기가 끊임없이 들려옵니다. 그 덕분에 우리는 거리는 두되 고립되지 않고서 팬데믹 상황을 버텨낼 수 있었어요. 하지만 각종 비대면 기술에 소외된 이들에게는 소셜미디어가 낯설고 어려운 도구일 뿐입니다. 어르신들에게 키오스크가 그랬듯이 말이죠. 그렇다면 온 세상과 연결되었다는 기분은, 매 순간 SNS를 '새로고침' 하며 정보의 혜택을 만끽하는 일부 사람만의 특권일지도 모르겠습니다.

3

정보의 창고?

가짜뉴스의 온상?

옛날 영화나 드라마에서 학생들이 책상에 엎드려 벽돌같이 두꺼운 책을 베고 자는 모습을 본 적이 있을 거예요. 사전이에요. 영한사전, 한영사전, 영영사전, 국어사전, 옥편…. 모르는 영어 단어를 찾을 때, 한국어를 영어로 바꿀 때, 한자를 어떻게 읽는지 모를 때. 지금은 검색창에 입력하면 바로 알 수 있지만, 예전에는 언어별 사전에서 찾았습니다.

단어 뜻이 아니라 지식을 찾으려면? 백과사전이죠. 백과사전은 가나다순으로, 또는 사회·경제·문화·과학·역사·국제 등

주제별로 구성되어 있어요. 예를 들어 '소크라테스'에 대해 알고 싶다면 주제별 백과사전의 철학 편을 찾아봐요. '위화도 회군'이 언제였는지 확인하려면 한국사 편을 펼치면 됩니다. 검색창이 없던 시절에는 사전이 '지식인'이어서 입학이나 졸업 선물로도 인기가 많았습니다. 과제를 준비하면서 자료가 부족할 땐 도서관에서 사전 여러 권 펴놓고 종일 시간을 보내기도 했습니다. 무거워서 빌려올 수가 없었거든요.

이런 풍경은 2000년대 들어 컴퓨터와 인터넷이 발달하면서 빠르게 바뀌었습니다. 하드디스크의 용량이 커지고 USB 메모리 같은 보조저장장치가 등장하면서 많은 정보를 옮겨 담을 수 있게 되었고, 데이터 전송 속도도 발전을 거듭했거든요. 때마침 등장한 전자사전은 혁신적인 기기였어요. 그 두꺼운 사전 여러 권의 내용이 손바닥 크기에 들어가 있었으니까요. 하지만 전자사전의 인기는 오래가지 못했습니다. 기술 변화가 너무 빨라 금세 인터넷 검색의 시대로 넘어가버렸기 때문이죠. 이제는 무엇이든 검색창에 치면 없는 게 없습니다. 그래도 나오지 않는다면? 소셜미디어에 도움을 청하죠. 어디선가 각종 분야의 전문가들이 나타나 대답해줍니다. 이러한 집단지성이 만들어낸 온라인 백과사전이 바로 '위키피디아'예요. 세상에서 가장 많은 정보가 정리된 플랫폼이죠. 단 '뇌피셜'은 주의해야 해요. 뇌피셜은 사람의 '뇌'와 '공식적인'이란 의미의 영어 오피셜(official)의 합성어입니다. 검증되지 않은 개인적인 관점이나 생각이라는 뜻이죠. 소셜미디어에 넘쳐나는 정보와 해설이 사전 기능을 하려면 믿을 만한 출처, 그리고 답변의 주인이 전문성을 갖춘 사람이라는 게 확인될 때 완성된다는 점을 기억해두세요.

그래

원한다면 무엇이든 찾을 수 있는 세상이에요!

사전에 없는 답도
찾을 수 있어요

과거의 백과사전과 요즘의 온라인 백과사전은 어떤 차이가 있을까요? 우선 종이에서 디지털로 기록 방식이 바뀌었습니다. 만드는 사람들도 달라졌어요. 백과사전의 저자는 각 분야에서 오래 공부하고 연구해온 전문가들이에요. 이들이 정리한 지식과 정보를 편집자가 보기 좋게 책으로 엮어냈지요. 반면 온라인 사전은 누구나 해석과 해설을 쓰고 고칠 수 있고, 편집에도 참여합니다. 모두가 사전의 한 페이지를 담당할 수 있어요. 영어판 위키피디아의 이용자는 4300만 명에 이른다고 합니다. 한 달간 사전의 내용을 고치거나 새로 쓴 사람만 13만 명(2022년 1월 기준)이라고 해요. 정보를 새로 입력하거나 덧붙이는 한편, 기존 정보의 오류를 찾아내 수정하는 이들이 이렇게나 많은 거죠.

가장 중요한 지식의 정확성에는 어떤 차이가 있을까요? 2005년 세계적인 과학 학술지 《네이처》가 실험을 했습니다. 세계에서 가장 오래되고 유명한 백과사전인 브리태니커(Britannica)와 위키피디아(위키)를 비교해본 거예요. 과학 분야에서 42개 키워드를 뽑아내 양쪽에서 똑같이 찾아봤다고 합니다. 결과는 예상 밖이었어요. 위키 문서의 정확도가 브리태니커와 크게 다르지 않았던 거예요. 잘못된 정보도 비교했는데 위키에서는 항목마다 평균 4개, 브리태니커는 3개씩의 오류가 발견되었다고 해요. 특히 전체 키워드에서 사소한 오탈자가 아닌, 내용의 신뢰도에 영향을 주는 중대한 오류의 숫자는 양쪽 모두 4개씩으로 똑같았습니다. 이용자들이 한마디씩 보태어 만든 온라인 사전과 저명한 전문가들이 모여 만든 수백

년 전통의 백과사전의 정확도가 비슷하다는 연구 결과는 많은 이들에게 충격을 주었습니다.

익명으로 작성된 온라인 사전이 믿을 만한 정보를 확보할 수 있는 건 많은 사람이 지켜보기 때문이에요. 위키피디아의 이용자들은 정보를 얻어가면서도 잘못된 사실을 발견하면 바르게 고쳐놓습니다. "저보다 잘 아는 분이 내용을 추가해줄 겁니다"라고 도움을 요청하기도 해요. 이렇게 힘을 모으고, 서로 경쟁도 하면서 '모두를 위한 모두의 백과사전'이 탄생한 거죠. 소셜미디어는 이런 집단지성이 실시간으로, 가장 도드라지게 발휘되는 곳이에요.

오늘의 날씨, 동네 맛집, 지구 반대편에서 터진 테러 사건, 미국의 주식시장 소식, 보고 싶었던 책의 내용, 지난주 제주도에 다녀온 친구의 모습…. 세계 각지에서 갖가지 정보와 생각과 일상을 기록하는 SNS에는 없는 정보가 없습니다. '사전'을 만들기 위한 작업은 아니었지만 무엇이든 찾을 수 있는 공간이 된 거죠. 틀린 내용은 누군가가 댓글이나 인용으로 지적해줄 거예요.

눈을 뜨자마자 접속한 소셜미디어에는 언제나 새로운 소식이 한가득 쌓여 있습니다. 어느 날은 아무리 화면을 아래로 내려도 새 소식을 담은 피드가 끝나지 않아요. 따로 검색하지 않아도 업데이트할 정보가 무궁무진합니다. 다른 나라의 현지 뉴스는 번역기를 돌려 읽고, 유명한 외국 석학의 강의도 듣습니다. 배움의 의지만 충만하다면 소셜미디어는 가장 방대한 교과서로 활용할 수 있어요.

물론 정보가 너무 많아도 곤란합니다. 고르는 것도 일이니까요. 그래서 등장한 게 해시태그입니다. 해시태그는 원래 프로그래밍 언어에서 중요하거나 먼저 처리할 키워드를 '샵'(#)이라는 기호로 표시한 것에서 유래했어요. 한 트위터 이용자가 파도처럼 밀려드는 정보들을 간편하게 찾기 위해 이 기호가 붙은 검색어끼리 묶어두면 어떻겠냐고 제안하면서 소셜미디어에 자리 잡았다고 해요. 처음에는 '#○○맛집' '#○○네일' 등 마케팅 도구로 활용되던 해시태그 문화는 점차 정치·사회 이슈를 확산하는 스피커로 발전했습니다. 범죄·비리를 폭로할 때, 중요한 인물을 기리거나 추모할 때도 해시태그를 붙여요. 그 자체로 사회적 메시지가 되는 거죠. 이처럼 과거의 사전이 지식을 전달하는 데 머물렀다면, 소셜미디어는 공동체의 관심사를 보여주고 문제의 해법을 찾는 좌표도 제공함으로써 좋은 사회를 함께 고민하는 공간이 되고 있습니다.

SNS에서
잃어버린 강아지를 찾았어요

길을 가다 보면 그냥 지나치지 못하는 전단이 있죠. 잃어버린 강아지와 고양이를 찾는 내용이에요. 애태우고 있을 주인을 생각해서 사진에 찍힌 모습, 마지막 목격된 장소를 유심히 봐둡니다. 근처에 있을지도 모르니 발견하면 얼른 연락해주려고요. "○○시 ××동 사는 분들, 주변에 공유해주세요!" 요즘은 반려동물 찾는 전단을 소셜미디어에도 붙입니다. 확산 속도가 훨씬 빠르죠. 강아지가 멀리까지 헤맬 수도 있으니 전단이 널리 퍼질수록 발견된 확률도 높아질 테고요. "아까 ○시 ○분쯤 ××동에서 비슷한 아이를 본 것 같아요. 낯선 강아지가 혼자 다녀서 유심히 봤거든요. 다시 가서 있는지 확인해볼게요!" 실제로 트위터 등에서 공유된 전단을 본 사람들이 주인과 목격담과 주변 상황을 주고받은 끝에 며칠 만에 강아지를 구조하

는 사례도 있습니다. 장소와 지역, 시간을 초월해 정보가 오가는 SNS의 장점이 돋보인 순간이에요.

　타임라인에 온 세상 소식이 넘친다고 해도 가장 눈길을 끄는 건 내가 살거나 잘 아는 곳에서 일어난 일일 겁니다. SNS에서 우연히 동네 소식을 접하면 무척 반갑죠. 거주지 중심으로 가게와 학원 정보, 공사나 사고 소식을 알려주는 계정도 있어요. 시청과 구청, 주민센터, 보건소의 공식 계정도 유용합니다. 어르신들도 소셜미디어에서 지역 단위로 모임을 만드는 경우가 많아요. 같이 여행 다녀온 사진, 동네의 일상 사진, 좋은 문구 등을 공유하지요. 물건을 함께 구매할 사람들을 모으기도 하고요. 이런 SNS가 동네 문제를 해결하는 역할도 한다고 해요. 어떤 지역의 소셜미디어에 한 아이가 길을 잃고 헤매는 사진이 올라왔습니다. 때마침 계정을 팔로우하던 지역 경찰이 출동해 아이를 보호했고, 그 아이를 알아본 또 다른 주민도 부모에게 연락해 세 시간 만에 무사히 집으로 돌려보냈다고 해요.

　"그 사장님 '돈쭐'(돈으로 혼쭐) 내러 지금 당장 다녀올게요."

서울의 한 치킨집에서 가정 형편이 어려운 형제에게 매번 공짜로 음식을 내어준 사연이 소셜미디어에 알려졌어요. 그러자 주변 주민들이 그 가게의 매출을 올려주려고 너도나도 치킨을 주문했습니다. 코로나19 확산으로 영업시간이 제한되어 동네 상점들의 생계가 어려웠을 때도 소셜미디어에서는 영수증 인증 캠페인이 시작되었어요. 음식을 사 먹거나 장을 볼 때 이왕이면 동네의 작은 상점들을 이용하자는 취지의 캠페인에 많은 SNS 계정이 참여했습니다.

소셜미디어가 없다면 알지 못할 소식은 지구 반대편에만 있는 건 아니에요. 같은 동네에서 이웃끼리도 소통 없이 지내는 경우가 많으니까요. 관계와 도움과 응원이 필요하다면 소셜미디어에서 방법을 찾을 수 있습니다. 당장 행동으로 옮길 수 있는 용기를 덧붙여서요.

보잘것없는 기록도
반짝이는 '꿀팁'이 될 수 있죠

2021년 한국언론재단은 소셜미디어에서 사람들이 즐겨 찾는 영상 콘텐츠를 조사했습니다.[4] 여행, 일상 브이로그, 제품 리뷰 등을 다룬 평범한 생활 콘텐츠를 본다는 응답(45.8%)이 가장 많았다고 해요. 두 번째는 경제와 재테크(43.2%)였습니다. 알아두면 쓸모 있을 내용을 찾아보는 거죠. 정보와 지식을 책에서 찾거나 검색창에 물어보던 시절은 가고 영상과 SNS 피드에 수시로 쌓아두는 시대가 됐습니다. 브이로그처럼 특별할 게 없는 일상의 기록이 다른 누군가에겐 절실한 정보가 될 수도 있어요.

　사전의 변화를 언급한 부분에서도 이야기했지만, 디지털 시대는 정보 검색뿐 아니라 정보 생산의 방식도 바꿔놓았어요. 사전의 제작자가 학자·전문가에서 평범한 사람들로 바뀐 것처럼 생활에 필요한 정보, 그리고 한 시대를 기록한 사료도 우리 손에서 나옵니다. 몇 년 전 외국으로 유학을 떠났던 경험을 공유해볼게요. 학교와 하숙집부터 전입신고, 휴대전화 개통, 통장 개설, 건강보험 가입 등 알아봐야 할 게 한둘이 아니었습니다. 그때 가장 고마웠던 건 현지 한국인들의 SNS 계정과 브이로그였어요. 그들이 기록한 일상을 따라가면 요긴한 정보들이 가득했지요.

등교해서 공부하다 학식을 먹고 도서관에 들렀다가 편의점에서 간식을 사서 집으로 돌아오는 브이로그의 모든 장면은 예비 유학생에게 훌륭한 참고서였습니다. 한국 음식점이나 식료품 가게에 대한 방문 후기가 타임라인에 뜨면 꼭 북마크(즐겨찾기)를 해두었죠. 가장 기억에 남는 건 타향살이가 주는 외로움과 서러움에 대한 푸념이었습니다. 한국이 몹시 그리워서 이런 짓까지 해봤다며 남긴 누군가의 일기도 그랬습니다. '나만 그런 게 아니구나'라며 위로를 받았거든요. 사전에선 찾을 수 없는 '꿀팁'이지요. SNS에는 뭔가 특별한 이벤트를 올려야 할 것 같지만, 보잘것없는 하루에 덧붙인 소박한 감상이야말로 누군가에겐 가장 반짝이는 보석으로 남을 수 있답니다. 고민하고, 노력하며, 가끔은 자신에게 실망도 했다가, 어떻게든 버티고 극복하면서 한발 한발 나아간 흔적. 여러분의 SNS도 그런 보석들로 수놓여 있지 않나요?

#제로웨이스트 #미라클모닝 #공스타그램 #비건… 어떤 결심을 강조하고 되새기기 위해 붙이는 해시태그들이에요. 순서대로 플라스틱 등 일회용 제품 안 쓰기, 일찍 일어나 새벽 시간을 알차게 활용하기, 공부한 흔적을 인스타에 남기기, 육식하

지 않기라는 다짐이에요. 이런 해시태그는 든든한 동지를 찾아주는 효과도 있어요. 같은 목표를 가진 사람끼리 서로 응원하고 동기부여를 위해 소셜미디어 공간에 기록을 남기는 거죠. 이 또한 사소하고 별거 아닌 듯한 일상의 흔적이지만, 이제 막 마음을 먹은 누군가에게는 어떤 고급 정보보다 적절한 검색결과가 되기도 합니다.

SNS에서 전 세계 뉴스를
모두 볼 수 있어요

2000년대 초반까지만 해도 지하철을 타면 흔히 보는 풍경이 있었습니다. 신문을 펼쳐 읽는데 옆 사람이 흘깃 곁눈질로 같이 보는 모습이에요. 스마트폰이 없던 시절에는 아침에 종이신문을 배달받거나 출퇴근길 가판대에서 신문을 사서 보는 경우가 많았어요. 신문지가 크니까 지하철에서 펼치면 옆자리까지 넘어가고는 했지요. 다 읽은 신문은 필요한 사람이 볼 수 있게 좌석 위 선반에 올려두고 내립니다. 옆 사람에게 "보실래요?"라며 주고 가는 경우도 많았습니다.

종이신문을 어깨너머로 보는 풍경은 사라졌지만, 훨씬 많은 사람과 신문기사를 공유하는 시대가 되었어요. 뉴스를 접할 수 있는 통로가 다양해졌기 때문이죠. 앞에서 소개한 한국언론재단의 조사에 따르면 청소년들은 스마트폰 같은 모바일기기로 보는 비율(61.6%)이 가장 높습니다. TV(52.8%)나 컴퓨터(33.1%)가 그다음이고요. 인터넷 뉴스는 주로 SNS(41.4%)와 동영상 플랫폼(39.8%)에서 본다고 합니다. 메신저(35.1%)와 포털사이트(30.8%), 언론사 홈페이지(28.8%)에서 보기도 하고요. AI 스피커(9.5%)가 읽어주는 뉴스를 듣는 친구들도 제법 있네요. 플랫폼이 다양해진 덕에 뉴스를 접하는 시간도 늘었어요. 2016년 한국 청소년들은 하루 평균 35분 동안 뉴스와 기사를 봤는데, 2019년에는 60분으로 두 배 가까이 증가했습니다.

이런 흐름을 주도하는 것은 소셜미디어의 뉴스피드입니다. SNS에서 기사를 보는 청소년 비율은 2015년 33.8%에서 2019년 41.4%로 늘었어요. 특히 중학생(51.9%)과 고등학생(59.7%)은 절반 이상이 페이스북과 인스타그램, 트위터에서 세상 돌아가는 소식을 얻습니다. 이제 10대 청소년들에게 소셜미디어는 일상을 나누는 공간에서 여러 가지 콘텐츠를 접하는

(69.7%) 통로로 변화하고 있어요. 소통과 대화를 위해(69.1%) 혹은 친구의 소식을 듣기 위해(51.2%) SNS를 이용하는 비중은 줄고, 대신 새로운 정보와 뉴스를 얻으려는 목적(49.2%)은 늘고 있습니다. SNS 뉴스피드에서 본 기사를 메신저나 다른 플랫폼으로 공유하는 빈도도 커졌어요. 또한 소셜미디어는 기사에 '좋아요' '싫어요' 등을 누르고 댓글로 소감을 남기기 좋은 공간이죠. 다른 사람들의 반응도 볼 수 있고요. 이를 통해 자연스럽게 여론 형성에 참여하게 됩니다.

미디어 전문가들은 이런 변화가 소셜미디어 플랫폼이 성숙하는 과정이라고 봅니다. 단순히 소식을 전달하는 메신저 기능을 넘어서 새로운 콘텐츠가 창작·유통되는 생태계로 역할이 확장되고 있다는 거예요. 글과 이미지 중심이던 플랫폼에 짧은 영상을 공유하는 기능을 덧붙이거나 라이브 방송 기능을 강화하는 것도 이런 맥락이죠. 역할과 더불어 책임도 커진 소셜미디어 플랫폼은 콘텐츠의 신뢰도를 부각하기 위해 뉴스와 기사를 활용하기도 합니다. 선거와 올림픽, 팬데믹과 같은 굵직한 이슈가 떠오르면 언론사가 운영하는 공식 계정을 눈에 잘 띄는 자리에 배치하고 알고리즘 추천 게시물에 올리기도 합니다.

SNS에서 AI와 소통하고 있어요

릴 미켈라(@lilmiquela), 로지(@rozy.gram), 김래아(@reahkeem),
이마(@imma.gram). 엄청난 팔로워를 보유한 '인플루언서' 계
정들입니다. 워낙 인기가 많아 여러 회사의 광고 모델로도 등
장해요. 이 계정들의 공통점은 또 있어요. 인간의 얼굴을 하고
있지만, 인간이 아닌 존재라는 거예요. 게시물만 보면 평범한
20대의 일상이 업데이트되는 것 같아요. 꾸미기 좋아하고, 친
구와 노는 게 행복한 여느 또래처럼요. 하지만 시간을 거슬러
찾아본 예전 사진 속 모습은 오늘과 하나도 다르지 않아요. 맞
습니다. AI(인공지능)인 거죠. 이들은 가상현실에 살지만, 현실
에도 분명 존재해요. 적어도 소셜네트워크에서는 지금도 우리
와 소통하고 있으니까요.

AI가 인간과 감정적으로 소통하는 단계로 진화했다는 증
거는 이들의 소셜미디어 활동에서 드러납니다. 인간의 설계와
명령에 따라 움직인다고 하지만 섬세하고 자연스러움에서 진

짜 인간의 모습과 구분하기 어려워지고 있죠. 이제는 인간의 지시 없이도 반응하고 행동하는 수준에 이르렀다고 해요. 중국 스마트폰 회사에서 만든 AI 윤셍(Yunsheng)은 자율적으로 생각하고 말할 수 있는 인공지능으로, 생방송까지 진행했다고 하죠.

AI의 발전에는 소셜미디어가 큰 역할을 했습니다. 내 마음을 들여다보듯 취향에 맞춰 추천 게시물을 띄워주는 알고리즘은 인간의 수많은 활동 데이터를 바탕으로 패턴을 분석한 결과입니다. 링크 클릭, 공유, 좋아요, 스크롤, 스킵 등 이용자들의 움직임이 재료가 되지요. SNS에 올라온 사진 속 얼굴을 인식해서 태그할 수 있게 하고, 어떤 언어로 쓴 게시물이든 '번역 보기'만 누르면 한국어로 바꿔주는 기능도 모두 인공지능의 영역이에요. 이름을 부르면 응답하는 AI 스피커가 사람의 말을 알아듣고 명령을 수행하는 비서 역할을 할 수 있는 것도 실제 대화를 머신러닝(기계학습)으로 입력해가며 언어를 배웠기에 가능한 일이라고 해요. 소셜미디어와 메신저에서 사람들이 주고받은 대화가 바로 AI를 가르친 빅데이터 교재가 된 거죠.

마음만 먹으면 누구든 속일 수 있는 세상이기도 해요!

'기후위기 빌런'이 지구에서
일어나는 일을 감추고 있어요

"기후위기에 책임감을 느껴야 하는 빌런(악당)이 있다!" 인류는 지구 온난화로 빙하가 녹아 해수면 높이가 상승하는 등 생태계가 급변하는 위기를 겪고 있습니다. 그런데 이런 현상이 인간이 일으킨 기후변화 때문이라는 건 거짓말이라고 주장하는 사람들이 있어요. 2021년 영국의 일간지《가디언》이 선정한 기후위기의 빌런들입니다.《가디언》은 이들이 '기후변화는 없다'라는 잘못된 생각을 세상에 퍼뜨리고 있다고 비판합니다.

명단을 보면 전통적 미디어 기업, 그리고 소셜미디어 기업의 대표들이 눈에 띕니다.《폭스뉴스》를 비롯해 미국의 여러 언론사를 운영하는 뉴스코퍼레이션의 설립자, 루퍼트 머독도 들어갔습니다.《가디언》에 따르면 그의 회사는 기후변화를 부인하는 뉴스를 싣고, 이런 내용의 광고를 내보내며 230억 달러 이상의 수익을 올렸다고 하네요.

페이스북을 만든 마크 저커버그도 빌런으로 뽑혔어요. 사실 저커버그는 공식적인 자리에서는 기후변화를 부정하는 가짜뉴스가 사회적인 문제라고 밝힌 적도 있습니다. 하지만 정작 자신이 만든 소셜미디어에서 그런 정보가 돌아다니는 걸 막지는 않았다는 이유로 악당 명단에 들어갔어요. 석유·석탄 등 화석연료 기업을 비롯해 기후변화를 일으키는 산업과 연관된 페이스북 광고의 조회 수는 2020년 한 해 동안만 4억 번이 넘는다고 합니다. 특히 '기후변화는 사기다'라고 주장하는 광고는 미국 페이스북에서만 그해 상반기 동안 최소 800만 번 이상 조회되었다고 해요. 이런 광고를 허용해서 전 세계 이용자들을 기후위기에 대한 잘못된 정보에 노출되도록 했다면 악당이라는 소리를 들을 만하겠죠?

이 밖에도 소셜미디어에서는 의심스러운 게시물과 광고를 쉽게 접할 수 있습니다. 누구든 표현의 자유를 누리는 공간인 이곳에서 온갖 가짜뉴스와 잘못된 정보, 해로운 주장이 뒤섞여 파도를 치고 있어요.

'뉴스'에 '가짜'라는 단어가 붙게 된 건 SNS 때문이에요

새로운 소식이 뜨거나 깜짝 놀랄 만한 사건이 발생하면 여러분은 어디에서 진실을 확인하나요? 언론사 홈페이지에서 관련 기사를 찾는 경우가 많을 거예요. 신문이나 방송은 기자가 취재해서 진짜라고 확인된 내용만 기사에 담을 것이라 믿기 때문이지요. 그 믿음처럼 언론은 시민들의 알 권리를 위한 취재·보도를 하는 곳입니다. 그래서 '진짜 뉴스' '진짜 기사'라는 말은 어딘가 어색합니다. 원칙적으로 진짜가 아니면 아예 보도하지 않으니까요. '가짜뉴스'라는 모순된 표현을 쓰기 시작한 건 얼마 되지 않았어요. 미국에서 가장 먼저 등장했는데, 잘못된 정보를 퍼뜨리기 위해 마치 신문사나 방송국처럼 사이트를 꾸며놓고 올린 글을 가리키는 말이었어요.

'가짜뉴스'가 세계적 이슈로 떠오른 것은 2016년 미국 대통령선거 때부터였어요. 상대편 후보를 떨어뜨리려고 거짓말을 뉴스 형식으로 꾸며 소셜미디어에 퍼뜨리기 시작한 거죠. 의심스러운 내용이 많았지만, 언뜻 보면 언론 기사 같아서 착각하는 사람도 많았습니다. 말도 안 되는 소문이 꼬리에 꼬리를 물고 소셜미디어를 통해 퍼지다가 결국 사실처럼 굳어진 경우도 생겼습니다. 가짜뉴스 게시물을 만들고 퍼뜨리는 로봇(Bot) 프로그램이 동원됐다는 설까지 떠돌았어요.

가짜뉴스를 공유하는 이유는 두 가지입니다. 진짜라고 믿기 때문에. 반대로 웃음이 나올 만큼 어이없어서 공유하는 경우도 있죠. 의도는 다르지만 거짓을 빠르게 퍼뜨린다는 점에서 효과는 같아요. 속아서든 호기심에서든 가짜뉴스의 확산을 도운 거예요. 자극적인 내용이면 진위에 상관없이 인기를 끄는 소셜미디어의 부작용이죠. 상식에 어긋나는 내용의 글과 조작된 영상은 이렇게 순식간에 퍼집니다. 청소년들이 소셜미디어에서 뉴스를 많이 본다고 하지만, 그 기사를 누가 썼는지 확인하는 경우는 많지 않습니다. 한국언론진흥재단 조사에서는 25.5%만 출처를 확인한다고 답했대요.

언론사는 '팩트체크' 등의 코너를 만들어 소셜미디어에 떠도는 근거 없는 소문의 진실 여부를 알립니다. 가짜뉴스가 퍼지면 피해를 보는 시민들이 생기기 때문이에요. 그런데 정작 가짜뉴스를 공유한 사람들 가운데 이런 팩트체크 기사를 찾아보고 공유를 취소하거나 정정 게시물을 올리는 경우는 굉장히 드물어요. 그런 행위는 사람들의 주목을 끌지 못하거든요. 소셜미디어의 공유 기능은 다른 사람에게 진짜 뉴스, 즉 진실을 전달하고 공감대를 나누기 위해 만들어졌을 거예요. 그렇지만 언제부턴가 정치인들이 선거에서 이기기 위해 가짜뉴스를 만들어 퍼뜨리듯, 우리들은 관심과 구독을 위해 가짜뉴스와 공유 기능을 이용하고 있는 건 아닐까요?

관심받기 위해서라면
무슨 짓이든 할 수 있어요

누구나 가입해서 자신을 표현할 수 있으니 소셜네트워크는 평등한 세계라고 생각할지 모릅니다. 하지만 계정이 벌어들이는 수익은 평등하지 않아요. 관심을 많이 받을수록 돈도 많이 법니다. 광고와 협찬을 제안하는 기업은 많은 사람이 보는 계정을 찾으니까요.

사람들의 관심이 돈을 벌어들이는 '관심경제'는 소셜미디어의 탄생과 함께 시작되었습니다. 팔로워, 구독자, 시청 시간 등이 관심의 크기를 측정하는 기준이 되죠. 호기심을 끌어 사람을 모으고 오랫동안 붙잡아 둘수록 수익이 발생하는 구조예요. 눈에 띄려면 튀어야 합니다. 그런데 사람의 뇌는 한번 받은 자극에는 금세 익숙해집니다. 조금이라도 약해지면 시시하다고 느끼죠. 더 재밌고, 더 놀랍고, 더 화나고, 더 슬퍼야 합니다. 소셜미디어에 선정적이고 폭력적인 혐오 콘텐츠나 가짜뉴스가 늘어나는 이유이기도 해요.

우리가 매일 접속하는 SNS는 엄밀하게 말하면 무료가 아닙니다. 모든 이용자는 자신의 관심과 데이터를 플랫폼에 사용료로 내고 있어요. 제니 오델 스탠퍼드대 교수는《아무것도 하지 않는 법》(2021)이라는 책에서 소셜미디어가 사람의 관심을 이윤을 내는 도구로 만들었다고 말합니다. 관심이 많다는 것은 시간을 더 많이 쓴다는 뜻이어서 소셜미디어에 오래 머물수록 수익도 늘어나지요. 추천 알고리즘은 그래서 고안된 장치입니다. 성향과 행동을 파악할 수 있는 데이터를 분석한 다음 가장 주목할 만한 콘텐츠를 제시하는 거죠. 광고도 이왕이면 소비자 성향에 맞춰서 관심을 유도하고요.

'이것도 보고, 저것도 보면서 SNS에 더 머물러 주세요.' 전 페이스북 직원의 폭로로 '화이트리스트'의 존재가 밝혀졌습니다. 화이트리스트란 가짜뉴스처럼 문제가 되는 게시물을 올려도 플랫폼에서 노출을 차단하거나 삭제하지 않는 유명인들의 계정 목록입니다. 정치인, 연예인처럼 많은 사람의 관심을 모으는 계정은 무슨 말을 하든 사람들 눈에 띄도록 알고리즘이 설계되어 있다는 뜻이에요. 진짜든 거짓이든 상관없어요. 30억 명이 넘게 이용 중인 이 소셜미디어는 전혀 평등한 세계가 아니었던 거예요.

중세의 마녀사냥이
지금도 일어나고 있어요

180만 명 이상이 구독해온 채널의 유튜버가 사과 영상을 올렸습니다. 그는 입고 나온 옷들 가운데 명품 브랜드를 따라서 만든 가짜 제품이 있었다며 "믿어주신 분들에게 실망을 안겨드려 죄송합니다"라고 말했습니다. 흔히 '짝퉁'이라고 부르는 가짜 제품은 정품의 상표와 디자인 등을 무단으로 베꼈기 때문에 당연히 불법이에요. 만든 사람과 판매자는 상표법 위반으로 처벌받습니다. 소비자에게까지 책임을 묻지는 않지만, 이 유튜버는 구독자를 속였으니 사과하는 게 당연했지요.

'잘난 척하더니 그럴 줄 알았어.' '그동안 방송에서 했던 이야기도 다 거짓말 아니야?' '가족들도 직업을 속이고 있다던데?' 그런데 그 뒤로도 이 유튜버는 짝퉁 옷과는 관련 없는 온갖 비난과 논란에 휩싸였습니다. 잘못을 지적하고 반성하는 건 나쁜 일이 아닙니다. 그런데 소셜미디어에서는 거기서 그치지 않고 사건과는 무관한 일까지 끌어와 당사자를 비난하는 쪽으로 흐르는 문제가 곧잘 발생합니다. 당사자의 가족이나 친구까지 피해를 보기도 해요.

공인이나 연예인은 아니지만 소셜미디어에서 이름이 알려진 사람들도 개인정보가 노출되거나 과도한 비판을 받곤 해요. 사실이 아닌 소문에 고통 받는 일도 잦습니다. 대부분은 자신들을 대변해줄 소속사나 변호사가 있는 것도 아니어서 속수무책으로 당하는 경우가 많지요. '마녀사냥'이라고 부르는 현상입니다.

15세기 유럽에서는 마법을 부리는 여성, 즉 마녀에게 죄를 물을 수 있었어요. 재판에서 마녀로 인정되면 법에 따라 처형했습니다. 17세기까지 20만~50만 명이 마녀라는 이유로 목숨을 잃었다고 합니다. 요술을 부렸다, 악마를 숭배한다, 아이를 잡아먹었다, 이웃을 술에 취하게 했다… 마녀로 몰린 이유는 대부분 황당합니다. '마을에 자꾸 이상한 일이 생기는 게 저 마녀 때문이 아닐까'라는 한두 사람의 의심이 걷잡을 수 없이 퍼지면서 진실이 됩니다. 살아서는 마녀가 아닌 걸 증명할 수 없었어요. 불에 던져서 살면 마녀고, 죽으면 사람이라고 판결했거든요.

전염병과 흉작에 시달리던 당시 유럽에서는 오랜 전쟁까지 겹치며 굶어죽는 사람이 많았다고 합니다. 입에 풀칠하기도 어려운 세상에 분노가 커졌고 책임을 전가할 대상이 필요했던 거죠. 억울하게 마녀로 몰린 사람들은 대부분 혼자 사는 여성이었다고 해요. 남성 중심의 가부장 사회에서 그들은 가장 힘없는 약자였습니다. 억울해도 도와줄 사람이 없는 이들이 희생된 거예요.

죄 없는 사람을 비난하는 모습이 어딘가 익숙하지 않은가요? 각자 계정에서 한마디씩 보태고 공유하면 가짜도 진짜가 되는 소셜네트워크가 겹쳐 보이죠. 누구나 표현의 자유가 있으니 억울하다고 반박하는 글을 올리면 해결될까요? 마녀를 색출하던 중세 유럽의 마을 인구보다 수백, 수천 배 많은 사람이 '당신은 마녀다'라고 손가락질하는 이곳에서 그런 호소가 통할까요? 마녀사냥은 사실을 오해해서 일어난 것이 아닙니다. 진실을 들어주는 사람이 없었기에 생긴 비극이지요. 스코

틀랜드 정부는 마녀법으로 처형된 피해자들을 이제라도 사면하는 법안을 만들기로 했습니다. 스코틀랜드에서는 1563년 마녀법이 제정된 후 173년간 4000명이 넘게 재판을 받았고 2500명이 처형되었다고 합니다.

마녀법은 오래전에 사라졌지만, 마녀사냥은 SNS를 비롯한 디지털 세상에서 여전히 이어지고 있습니다. 중세 유럽과 마찬가지로 누구든지 일단 표적이 되면 무자비한 비난에 정상적인 삶을 살기 어렵습니다. 과거와 달라진 것은 그나마 법이 시민들을 보호하고 있다는 거죠. 누구든 개인의 신상 정보를 허락 없이 공개하거나 명예를 훼손하는 악플을 달면 처벌을 받습니다. 익명인 계정 뒤에 숨어 있다고 해서 예외는 없습니다.

다른 사람의 작품을
내 것처럼 공유해도 될까요?

SNS 계정을 공개로 설정하면 내가 올린 글과 사진과 동영상을 누구나 볼 수 있습니다. 친구가 공유한 걸 그 친구의 친구가 공유하면 현실에선 한 번도 만난 적 없는 사람에게까지 내 소식이 전달되지요. 이렇게 게시물이 퍼지면서 우연히 접하는 이야기가 소셜미디어의 가장 큰 재미일 겁니다.

감동을 준 글귀나 마음에 드는 사진이라면 따로 저장해서 두고두고 볼 수도 있죠. 스마트폰 화면을 한두 번 터치해 문자는 복사하고 이미지는 다운로드합니다. 화면 전체를 캡처할 수도 있고요. 디지털 세상에선 저장이 너무 간편해 남이 쓴 문구, 남이 찍은 사진을 내 것처럼 쓰는 일이 수시로 일어나지요. 공개된 정보를 짜깁기도 하고, 내 콘텐츠 안에 슬쩍 첨부하기도 해요. 어떤 사람의 계정을 통째로 베끼고는 진짜 계정인 것처럼 행세하기도 합니다.

남의 사진을 허락 없이 복사해 내 계정에 올리는 것. 출처 없이 공유된 그림을 편집해서 새 이미지를 만드는 것. 식당에서 찍은 내 모습 뒤로 다른 손님 얼굴이 보이는 사진을 그대로 공개하는 것. SNS에서 무심코 하는 행동이지만 모두 처벌받을 수 있는 행위입니다. 저작권과 초상권을 침해하기 때문이에요. 이 두 가지는 정보를 공개하고 공유하는 공간인 소셜네트워크에서 가장 흔하게 벌어지는 권리 침해 사례이기도 합니다.

저작권은 글, 그림, 사진, 영상, 음악 등을 처음 만든 창작자에게 부여되는 법적인 권리입니다. 저작물에 이름을 표기하거나 공개하는 권리, 원본을 그대로 유지하는 권리도 저작권의 일종이에요. 요즘은 그림이나 만화, 사진, 영화, 서적 등을 전시·판매하기 위해 소셜미디어에 작품 일부를 올려서 홍보하는 경우가 많지요. 창작자들은 그렇게 돈을 벌어 생계를 꾸리고 다음 작품을 준비합니다. 그러나 작품을 소셜미디어에 공개했다고 해서 누구나 가져다 써도 된다는 의미는 아니에요. 법원의 판결을 보면 온라인에 공개한 그림, 디자인 등은 계정에 최초로 업로드한 시간을 확인하는 방식으로 원작자를 가려내 저작권을 인정합니다. 창작자의 권리를 철저히 보호하는 것이죠.

하루에 수천, 수만 건이 공유되는 기사도 저작권이 있는 콘텐츠입니다. 한국에서는 여전히 마음대로 갖다 써도 된다고 여기는 경우가 많지만요. SNS에 기사 링크를 공유하는 것은 문제가 안 되지만, 기사의 내용을 그대로 복사해 출처 없이 내가 쓴 것처럼 게시했다면 저작권법 위반입니다. 웹툰을 캡처해서 올리고, 동화책을 사진으로 찍어서 올리는 행위도 마찬가지예요. 뉴스피드에 이런 걸 올리면 궁금한 작품을 미리 볼 수 있으니 유익한 게시물이라고 생각할 수도 있습니다. 그러나 원작자는 정당한 대가를 받지 못한 채 자신의 창작물이 아무렇게나 공유되는 모습을 지켜봐야 하는 거예요.

프랑스의 수도 파리를 상징하는 에펠탑에도 저작권이 있다고 해요. 밤이 되어 화려한 조명을 밝힌 에펠탑 앞은 관광객이라면 그냥 지나치지 못하고 '인증샷'을 찍는 장소이기도 하지요. 그런 사진은 소셜미디어에 올려 공유하기 딱 좋은 콘텐츠죠. 그런데 조명이 켜진 에펠탑 이미지를 개인 SNS가 아니라 영리를 추구하는 기업·단체 등의 계정에서 사용하면 문제가 될 수 있어요. 에펠탑의 조명 디자인에 저작권이 있기 때문입니다. 관광지나 식당 등에서 찍은 사진에 나온 다른 사람의 얼굴을 마음대로 올리는 것도 안 됩니다. 자신의 모습이 동의 없이 촬영되거나 공개되지 않을 권리인 초상권이 침해된 것이거든요. 사람의 얼굴뿐만 아니라 목소리, 이름 등도 재산으로서 가치가 인정되기에 함부로 사용하면 퍼블리시티권(right of publicity, 인격표지영리권)이라는 경제적 권리를 침해하게 됩니다.

소셜미디어를 통해 과거보다 훨씬 다양한 창작물을 접할 수 있는 기회가 열렸어요. 공개된 작품들을 공유하며 더 많은 사람이 좋은 경험과 아이디어를 가질 수 있게 됐습니다. 그러나 쉽게 얻은 기회라고 해서 작품을 만든 사람의 권리까지 쉽게 생각해서는 안 될 것입니다.

가짜 아름다움 때문에
고통에 시달려요

베낄 사(寫)와 참 진(眞)이라는 한자로 이뤄진 단어 '사진'. 진짜를 그대로 옮겨놓았다는 뜻이에요. 그런데 사진이 처음 발명되었을 때라면 몰라도 오늘날은 다릅니다. 적어도 소셜미디어에 올라온 사진들은 진짜를 베끼는 게 아니라 가공했을 가능성이 아주 크니까요.

영국에서 재미있는 법안이 준비 중이라고 합니다. '포샵 사진' 즉 편집 프로그램으로 얼굴이나 몸을 고친 사진을 공개할 때 수정했다는 사실을 의무적으로 밝히게 하는 법이에요. '디지털상 변형된 신체 이미지 법'이라고 하네요. 적용 대상은 '포샵 사진'을 게재해서 광고 수익을 올리는 소셜미디어 기업, 방송사 등이에요. 돈을 받고 홍보하는 제품이라는 사실을 '#광고' '#협찬'이라는 해시태그로 알리는 것, 게임 광고에 연출된 이미지를 사용할 때 '실제 게임 장면이 아님'이라는 문구를 다는 것과 같은 맥락입니다. 이 법안이 통과된다면 소셜미디어의 많은 사진에 '#뽀샵' '#변형' 같은 해시태그나 '수정 완료한 사진임'이라는 메시지가 붙게 되겠죠.

이 법안을 제안한 이는 의사 출신의 국회의원 루크 에반스입니다. 그는 수정 작업을 거친 연예인의 사진, 기업 광고 이미지가 사람들의 정신 건강에 나쁜 영향을 미친다고 주장합니다. 긴 다리에 잘록한 허리, 풍만한 가슴과 엉덩이, 풍성하고 긴 머릿결⋯. 아름다운 몸매의 표본인 양 소셜미디어에 올라오는 이런 사진은 대부분 원본이 아니라 여기저기 손을 댄 수정본입니다. 실제로는 존재하지 않는 체형인 셈이지요. 다이어트와 운동을 아무리 열심히 해도 만들 수 없는 몸을 보며 '나도 조금만 더 굶으면 될 거야'라고 생각하는 사람이 생기면 안 된다는 취지에서 만든 법안입니다. 실제로 영국에서는 거식증과 폭식증 등 섭식장애를 겪는 사람이 125만 명이나 된다고 해요. 특히 코로나19 확산 이후 17세 이하 청소년 가운데 섭식장애나 신체가 이상하게 변하는 경험을 했다는 응답이 41%나 늘었습니다. 집에서 소셜미디어를 이용하는 시간이 늘면서 '포샵 사진'과 자신을 더 자주 비교하게 된 것이 영향을 미쳤다고 합니다.

노르웨이도 비슷한 움직임을 보이고 있어요. 이 나라는 2021년 기업의 협찬이 들어간 소셜미디어 콘텐츠에 편집·수정된 사진을 사용한 경우, 이를 표시하도록 법을 개정했습니다. 입술을 두껍게 하고, 허리를 더 잘록하게 만들거나, 근육을 과장되게 키워 편집했다면 반드시 알려야 하는 거죠. 법을 제안한 노르웨이 아동가족부는 어린 여성의 사망 원인 가운데 세 번째가 거식증이라는 통계를 제시했다고 합니다.

소셜미디어에서 비현실적 미모와 체형을 뽐내는 사진을 마주칠 때마다 사람들은 압박을 받습니다. 마치 '이런 몸을 가져야 자기 관리가 잘 된 사람'이라고 이야기하는 듯해요. 타인의 시선을 의식하기 쉬운 젊은 세대일수록 압박의 강도는 커져요. 하지만 그런 얼굴과 몸매는 애초에 달성할 수 없는 목표예요. 편집 프로그램 안에서나 가능한 가짜 아름다움일 뿐이죠. 태어날 때부터 인터넷과 스마트폰에 익숙한 세대라고 해서 모두가 디지털 세상을 객관적으로 판단하지는 못합니다. 기술에 대한 이해도가 높을지는 몰라도 가상과 현실을 분별하는 능력은 기성세대보다 약할 수도 있어요.

어른들에겐 다음 세대를 보호하기 위해 법과 제도를 마련하고, 그에 따라 교육할 의무가 있습니다. 영화와 방송 프로그램에 선정성과 폭력성, 사용 언어 등을 따져서 시청할 수 있는 나이를 제한하는 것도 그런 목적이에요. 소셜미디어 콘텐츠 역시 등급을 나누거나 규제 법안을 마련하는 방식으로 관리해야 한다는 목소리가 커지고 있습니다. 앞서 소개한 영국이나 노르웨이의 행보도 결코 먼 나라 이야기가 아닌 것이죠.

일상일까?

중독일까?

스마트폰은 좀처럼 손에서 놓기 힘듭니다. 메시지도 주고받아야 하고, 사진을 찍고 동영상도 봐야죠. 음악을 들을 때도 필요해요. 계산기나 사전으로도 써야 합니다. 하루 중 가장 자주 사용하는 생활필수품으로 자리 잡은 지 오래예요. 그런데 그 모든 순간이 정말로 '필요한 때'일까요?

　하루에 얼마나 스마트폰을 사용하는 게 좋은지 의사 선생님들에게 물어봤습니다.[5] 조사를 보면 나이에 따라 적정 이용 시간에도 차이가 있어요. 초등학생은 평일에는 55분 정도가 적당하다고 해요. 중학생은 1시간 37분, 고등학생은 1시간 55

분 정도로 조금 더 길게 써도 된대요. 주말에는 조금 더 여유가 있습니다. 초등학생은 1시간 20분 정도예요. 중학생은 2시간 16분, 고등학생은 2시간 38분 정도가 적당하다고 합니다. 여러분의 스마트폰 사용 시간과 비교해보세요.

스마트폰을 처음 사용하는 나이는 점점 어려지고 있어요. 컴퓨터처럼 켜고 끄는 게 복잡하지도 않고 마우스 없이 손가락으로 터치만 해도 되는 간단한 조작법 덕분이죠. 한국에서는 만 1.8세(2018년 기준)에 처음 사용한다고 합니다.[6] 말하고 듣고 쓰는 것보다 스마트폰에 먼저 익숙해지는 셈이죠. 4년 전인 2014년 조사에서는 만 3세였으니까 아마 다음번 조사에서는 1.8세보다 더 내려갈지도 모르겠습니다. 아가들이 스마트폰을 접하는 건 대부분 동영상 소셜미디어(82.1%)의 콘텐츠를 볼 때라고 하네요. 어쩌면 태어나는 순간부터 스마트폰은 옆에 있을 거예요. 출산 장면을 촬영하는 부부도 많으니까요.

온종일 손에서 놓지 않는 스마트폰으로 여러 소셜미디어에 들락날락하는 모습은 사실 별난 일이 아닙니다. '소셜' '미디어'라는 이름에서 알 수 있듯이 오늘날 가장 많은 사람들이 이용하는 매체이기 때문이죠. 지금 어른들이 어렸을 때도 그랬습니다. 당시 가장 인기 있는 미디어였던 TV에서 눈을 떼지 못했고, 부모님 몰래 이불속에 숨어서 새벽 늦은 시간까지 라디오를 들었어요. 그렇다고 빠져드는 매체의 종류만 다를 뿐이라고 가볍게 생각해서는 곤란해요. 무엇보다 소셜미디어는 사람들에게서 과거의 TV나 라디오와는 비교할 수 없을 정도로 많은 시간과 에너지, 집중력을 빨아들입니다. 다양한 경로로, 일상을 촘촘히 파고들면서 말이에요.

소셜미디어는 '필수템'이에요!

세상을 보는 눈이자
세상에 나를 표현하는 입이에요

청소년기후행동, 청소년인권행동, 청소년유니온…. 기후위기
와 인권, 노동권에 대해 청소년들의 생각과 목소리를 담아낸
단체입니다. 함께 모여 공부도 하고, 배운 걸 바탕으로 더 좋은
사회를 만들기 위해 사람들을 설득하고 있죠.

　기후변화는 점점 심각해지고 있습니다. 수십 년 안에 지구

가 회복할 수 없는 수준으로 병들 것이라는 경고도 있어요. 하지만 '내가 죽고 나서의 일'이라며 신경 쓰지 않는 어른들이 많아요. 그래서 10대 청소년들이 '기후위기의 당사자'로서 정부에 항의하고 대책을 요구하고 있습니다. 이렇게 나라와 사회, 시민에게 필요한 것을 고민하고 같은 생각을 가진 사람들과 힘을 모으는 일을 '정치'라고 해요. 이 단어가 낯선 사람도 많겠지만 정치는 모두에게 영향을 미치는 중요한 일입니다. 그리고 청소년들은 '기후'라는 주제로 목소리를 내면서 '정치적 영향력'을 갖기 시작했습니다. 어떻게 이런 일이 가능했을까요? 정치인 하면 보통은 나이 많은 어른을 떠올리기 쉽고, '정치적으로 중요한 일'도 그런 사람들의 관심사에 한정되기 마련인데 말이죠.

이런 고정관념, 법칙이 달라진 것은 소셜미디어로 사람들이 연결되면서부터입니다. 저마다 마음속에만 품고 있던 궁금증과 불만을 개인 SNS에 표현했고, 같은 생각과 관심을 가진 또래들이 있다는 것을 알게 된 거죠. 전국 2377개 고등학교 가운데 '환경' 교과가 선택과목에 있는 비율은 24%(2021년 기준) 밖에 되지 않는다고 해요. 기후위기에 관심을 가진 고등학생이 학교에서 이 문제를 배울 수 있는 기회가 매우 적다는 뜻이죠. 그래서 학생들은 기후와 관련한 소셜미디어 계정을 만들고 '#기후위기' '#청소년기후행동' 등의 해시태그를 달아 동료들을 모았습니다. 태어나면서부터 소셜미디어와 함께해온 세대에게는 가장 익숙하고 쉬운 방법이지요. 이들은 한국뿐 아니라 전 세계에서 기후위기를 걱정하는 청소년 활동가들과 함께 대안을 고민하고 있어요.

마찬가지로 학교 밖에서 일하는 청소년들의 노동권, 집안에서 폭력에 시달리는 청소년들의 인권을 보호하기 위해 소셜미디어에 모여 서로를 돕고 응원하는 청소년들이 있습니다. 소셜미디어가 어른 세대에게는 일상을 표현하고 나누는 도구일지 몰라도 청소년들에게는 사회의 구성원으로서 정치에 참여하는 중요한 통로가 된 거예요. 이렇듯 재미와 즐거움을 줄 뿐 아니라, 지식과 정보를 얻고 주요 이슈에 대해 목소리를 내는 데 필수적인 매체가 소셜미디어입니다. 건전하게 사용한다면 그간 어른들 중심의 세상에서 소외받아온 청소년들의 참신하고 당찬 생각이 한데 모이는 근사한 문화 공간이 될 수 있어요.

장소가 바뀌었을 뿐,
우린 여전히 즐겁게 소통하고 있다고요!

"어릴 때는 나가서 뛰어놀아야 해!" 어른들이 흔히 하는 말이죠. 안타깝지만 현실을 모르고 하는 소리예요. 골목이나 놀이터에 나가봐야 아무도 없거든요. 아이들은 어릴 때는 부모님과 키즈카페를 가고, 조금 커서는 PC방이나 각자의 집에서 온라인 게임을 하며 시간을 보냅니다. 대도시에서 산다면 더욱 그래요. 육아정책연구소에서 3~8세 아이들이 어디서 노는지 조사해봤더니[7] 대도시의 경우 71.3%가 '집에서 논다'라고 답했다고 해요. 놀이터와 공원에서 노는 아이는 18.5%뿐이었어요. TV를 보거나 인터넷에 접속해서 노는 경우(24.4%)가 신체활동(17.8%)을 하며 노는 아이보다 많고요.

"주말에 뭐 했어?" 월요일 아침마다 학교에서 친구와 나누던 인사입니다. 이제는 공유하고 싶은 일상은 메신저로 주고받거나 SNS 계정에 올리니 뭘 하고 지냈을지 이미 알고 있는 경우가 많습니다. 놀러 간 장소의 풍경을 영상통화로 함께 감상할 수도 있고요. 어떤 하루를 보내고, 어떤 생각을 하는지,

어떤 감정 상태인지 각자의 타임라인으로, 서로가 누른 '하트'와 '좋아요', 채팅으로 알아가는 시절입니다. 가상세계에서 아바타끼리 만나 놀기도 하죠. 어른들의 눈에는 현실과 동떨어진 세상에 사는 것처럼 보일 수도 있어요. 하지만 청소년들은 여전히 친구와 함께 시간을 보내고 있습니다. 만나는 장소가 소셜네트워크이거나 가상현실로 옮겨 갔을 뿐이지요.

소셜미디어에는 다양한 세상과 연결된 통로들이 있습니다. 그곳에서 많이 보고, 많이 느끼다 보면 나의 정체성을 깨닫거나 다른 사람과의 관계를 키울 수 있어요. 내 생각을 남에게 전달하기 위해 글을 쓰고, 사진이나 동영상을 만들어 표현하는 일은 창의력을 키우는 데도 좋은 영향을 줍니다. 한편으로 소셜네트워크 안에서 청소년들이 위험에 빠지는 걸 막고 자극적이고 선정적인 콘텐츠에 노출되지 않도록 단속하는 일은 어른들의 몫이지요. 제도를 정비하고 법을 마련해서요.

시대마다 유행이 다를 뿐, 사람들은 늘 무엇인가에 빠져 있어요

"5분만 더 하게 해주세요!" "안 돼, 약속한 시간이 벌써 한참 지났어!" 누구나 겪어보았을 밀고 당기기입니다. 아이와 부모님은 늘 이런 줄다리기 끝에 겨우 시간을 정합니다. 그런데 너무 재미있어서 그 시간을 넘겨버리기 일쑤예요. '조금만 더…'라고 버티다가 야단을 맞고 말지요. 약속을 어긴 죄로 며칠간 압수를 당하기도 해요. 어떤 날은 밤늦게까지 몰래 하면서도 용케 들키지 않았지만 다음날 늦잠을 자서 결국 혼나기도 하고요.

여러분은 무엇을 가지고 부모님과 이런 경험을 했나요? TV, 컴퓨터, 만화책…. 나이에 따라 떠오르는 물건이 다를 거예요. 1980년대에 학창시절을 보낸 어른들은 카세트와 라디오, 비디오, 집 전화기라고 말할 거예요. 저처럼 1990년대에 학생이었다면 CD 플레이어, 비디오 게임기, PC통신, 삐삐, 등이 생각날 겁니다. 모든 세대에 걸쳐서 TV라는 대답이 가장 많을 거예요. TV를 멍하니 계속 바라보다 보면 아무 생각 없는 사람이 된다며 '바보상자'라고도 불렸지요. 지금은 스마트폰이 새로운 '상자'의 자리를 넘보고 있습니다.

기술의 발전과 생활 방식의 변화에 따라 대상이 다를 뿐 언제나 젊은이들은 무엇인가에 빠져 있어요. 인터넷이 발달하지 않은 시절에도 재밌는 것은 많았습니다. 이리저리 주파수를 돌려가며 라디오를 들었고, 삐삐를 이용해 8282(빨리빨리), 486(사랑해), 175(일찍 와) 같은 숫자로 상징되는 메시지를 주고받았어요. 모두 잠든 새벽, '삐~' 하는 모뎀 작동 소리에 가족들이 깨지 않도록 컴퓨터에 두꺼운 이불을 덮어씌우고선 PC통신에 접속하곤 했죠. 그렇게 목소리, 숫자, 문자로만 가능하던 정보 전달 기술은 이제 오감을 만족시키는 표현이 가능한 수준에 다다랐습니다. 예전에는 필름 카메라로 찍은 사진을 한 장씩 인화해서 사진첩에 보관했어요. 두꺼운 사진첩 한 권을 채우려면 몇 년이 걸리기도 했지요. 이제는 한나절 만에도 수십 장이 넘는 사진을 찍고, 하루 일과를 통째로 담은 영상을 브이로그로 만들어 올리기도 합니다.

영화관은 데이트, 가족 나들이, 혼자만의 시간을 즐기는 대표적인 장소였습니다. 인기 작품을 보려고 영화관 매표소 앞에서 몇 시간씩 줄을 서기도 했어요. 극장 상영이 끝난 영화는 비디오로 나오는데, 단골 대여점에 예약을 걸어놓고도 한참이 지나 겨우 볼 수 있었지요. 지금은 온라인 동영상 서비스(OTT)에 접속해 플레이 버튼만 누르면 언제, 어디서나 감상할 수 있습니다. 내용이 궁금한데 시간이 없다면 소셜미디어에 올라온 영화 리뷰만 찾아봐도 줄거리와 숨겨진 반전까지 전부 알 수 있죠. 이렇듯 미디어는 문화를 담고, 공유하는 역할을 합니다. 사회의 분위기와 그 시대 사람들의 생각, 유행, 감성을 전달하지요. 대화에서 소외되지 않으려면 또래들에게 가장 인기 있는 미디어를 접해야 합니다. 만화책이 그랬고, 라디오, 비디오, DVD, PC통신을 거쳐 이제는 소셜미디어가 그 자리를 차지하고 있어요. 어른들은 언제나 아이들이 최신 미디어에 너무 빠져서 공부는 뒷전으로 미룰까 걱정합니다.

소셜네트워크에서의 경험은 이전과는 비교가 되지 않아요. 국경과 언어, 시공간의 경계도 없이 공유되는 갖가지 콘텐츠를 보다 보면 시간이 후딱 지나가 버립니다. 특히 최근 들어 짧은 동영상을 무작위로 보여주는 몇몇 소셜미디어는 중독성이 매우 강해요. 부모님들이 스마트폰을 손에서 놓지 못하는 자녀를 걱정하는 이유입니다. 그런데 가만히 들여다보면 이런 우려엔 세대 차이가 작용합니다. 미디어와 기술의 변화와 나이에 따라 일상에서 가장 많이 사용하는 매체 자체가 달라졌거든요. 2020년 방송통신위원회의 조사[8]를 보면 10대의 경우 96.2%가 스마트폰이 필수라고 느끼는 반면 70대 이상에서는 89.3%가 TV가 필수라고 생각합니다. 큰 사건이 발생했을 때 어떤 매체에 의존하는지를 물었더니 10대(89%)와 20대(87.4%)는 스마트폰을, 70대 이상은 대부분 TV(91.5%)를 꼽았어요.

집집마다 거실에 TV가 놓여 있던 모습은 많이 바뀌었습니다. 아이들이 보지 못하게 방으로 옮기거나 아예 없애기도 하고, 가지고만 있을 뿐 굳이 이용하지 않는 사람도 있어요. 실제로 60대 아래의 모든 연령층에서는 스마트폰 이용인구 비율이 TV 이용인구보다 높게 나타났습니다. 2016년에 TV를 가지고 있는 가구는 96%였는데 2020년에는 94.3%로 줄었다고 해요. TV가 사라진 자리는 스마트폰과 소셜미디어 앱이 채우고 있습니다. 방송뿐 아니라 라디오, OTT 서비스, 메신저, 포털사이트 등 모든 미디어를 흡수했어요. 예전에는 여러 매체로 나뉘던 정보 습득과 소통의 기능이 스마트폰으로 통합된데다 소셜미디어 플랫폼 한곳에서 공유되는 콘텐츠도 크게 늘어난 것이죠. 이렇게 본다면 학생들의 소셜미디어 이용시간과 사용 빈도가 커진 것은 중독이 아니라 자연스러운 현상 아닐까요?

어떡하죠? 소셜미디어에
중독된 것 같아요!

'새로고침'을
멈출 수 없어요

초·중·고등학생 1만5000명에게 물었더니 76.1%가 하루에 한 번 이상 SNS에 접속한다고 답했습니다.[9] 소셜미디어를 가장 잘 알고, 많이 이용하는 소비자는 청소년이지요. 다른 연령층에 비해 새로운 기술이나 문화를 쉽게 받아들이고, 적응하는 속도도 빠릅니다. 친구와 교류하는 걸 인생에서 가장 중요하게 여기는 나이이기도 해요. 계정에 올라온 소식은 바로 확인해야 하고, 유행하는 패션이나 재미있는 챌린지가 눈에 띄면 얼른 따라가야 합니다.

누구든지 소셜네트워크에서 내 게시물에 대한 반응과 메시지를 보면 뿌듯한 기분이 들기 마련입니다. 그런 관심과 만족을 다시 느끼고 싶어서 계속 피드를 '새로고침' 하게 되지요. 친구가 새 글을 올렸는지도 너무 궁금해요. 다른 사람의 계정에도 호기심이 생기는 것은 나만 모르는 일이 있어서는 안되기 때문이에요. 이건 FOMO(포모)라고 불리는 현상입니다. 'Fear Of Missing Out'의 줄임말로 '아싸(아웃사이더)가 되는 것을 두려워하는 심리'라고 해석할 수 있습니다. 유행, 최신 소식, 친구들 사이의 대화 등을 빠짐없이 확인해야 한다는 압박을 받는 거예요. 원래는 마케팅 분야에서 '매진 임박' '한정수량' 같은 문구를 사용해 구매하고 싶은 충동을 일으키는 전략을 의미하는 말이었지만 요즘은 인싸(인사이더)가 되어야 하며, 그렇지 못하면 뒤처진 존재라는 불안감을 가리키는 표현으로 사용되고 있습니다.

소셜미디어에서 FOMO는 무의식적으로 새로고침을 반복

하는 습관으로 나타납니다. 이런 강박은 공부나 일에 대한 집중력을 깨트리기 쉽죠. 능률이 떨어졌다는 데서 스트레스를 받으면 소셜미디어에 더욱 빠져드는 악순환이 이어질 수도 있어요. 잠을 잘 이루지 못해 건강에도 나쁜 영향을 미치게 되죠.

한편 청소년의 소셜미디어 중독은 현실에서 소통이 단절되는 문제를 불러올 수도 있습니다. 친구나 가족과 대면하는 것을 어렵게 느낄수록 소셜미디어라는 익숙한 가상공간으로 들어가 외로움을 해결하려는 경향을 보이는 거죠. 팔로우나 구독 버튼만 누르면 되는 그곳에서는 관계를 맺는 게 훨씬 수월하다고 느끼니까요. 하지만 소셜네트워크로 도피하는 것은 해결책이 되기 어렵습니다. 오히려 끊임없이 새 글을 찾거나 팔로우를 무작정 늘리고, 메시지와 댓글 등을 주고받는 행위 자체에 집착하게 될 수도 있어요.

전문가들은 타임라인 새로고침이나 메시지를 강박적으로 확인하는 습관을 멈추려면 소셜미디어를 대신할 수 있는 활동을 늘리라고 조언합니다. 친구와 가상세계가 아닌 현실에서 직접 만나 이야기를 나누는 걸 추천해요. 운동이나 독서도 좋

아요. 그래도 강박을 멈추지 못하겠다면 부모님과 상의해 도움을 받는 것도 좋은 방법이지요. 예를 들어 부모님의 스마트폰과 연동해서 내 스마트폰의 앱을 차단하고 사용시간 한도를 설정하는 프로그램이 있습니다. 소셜미디어 앱은 사용 전에 승인받도록 설정해놓는다면 적절하게 강박을 통제할 수 있을 거예요. 물론 관리 프로그램을 해제하는 방법을 소셜미디어에서 찾아보지만 않는다면요.

사람들의 머릿속을
1.5배속으로 돌리고 있어요

기술은 인간의 가능성을 넓혀줍니다. 수백 명과 연결되는 것도, 수천 명이 내가 쓴 글을 보는 것도 소셜미디어 플랫폼이라는 기술 덕이지요. 검색 엔진이 발달하면서 무엇이든 키워드만 입력하면 찾아내는 세상이 됐습니다. 불가능을 가능하게 하는 것이 기술이지만, 할 수 있는 게 너무 많아지는 게 스트레스의 원인이 되기도 합니다. 심하면 사람을 병들게 할 수도 있어요. 만능 기기 스마트폰이 그렇습니다. 화면을 들여다보느라 눈물이 마르는 안구건조증에 시달리는 인구가 늘었고요.

목뼈와 척추가 변형되는 골격계 질환을 앓는 사람도 많아요. 쏟아지는 많은 정보를 소화하고, 여러 가지 일을 동시에 처리하다 보니 혈압이 올라가거나 두통, 불면증에 시달리기도 합니다. 일명 사이버 스트레스라고 불리는 증상이에요.

인간을 편하게 하려고 발전시킨 기술이 오히려 인간을 피곤하게 만들기도 합니다. 제가 처음 기자가 되던 2006년만 해도 요즘 같은 무선 인터넷 통신망이 제대로 갖춰지지 않았어요. 비싼 이용료를 내고 빌린 모뎀을 노트북에 연결해야 인터넷에 접속할 수 있었는데 속도도 지금처럼 빠르지는 않았습니다. 기사를 작성하거나 내보낼 때 접속이 끊겨서 전전긍긍하는 경우도 심심찮게 벌어졌죠. 반면 지금은 어디서든 실시간으로 기사를 쓰고 내보낼 수 있습니다. 그렇다고 편리해진 만큼 여유가 생긴 것 같지는 않아요. 메신저로 연결된 동료·취재원들과 한꺼번에 대화하고 자료를 주고받으며 동시에 여러 건의 기사를 만들어내야 하는 상황이 벌어지곤 하니까요.

예전에는 일하려면 반드시 책상에 앉아 컴퓨터를 켜야 했지만, 이제는 스마트폰만 있으면 잠들기 직전까지도 서류를 확인하고 글도 씁니다. 특히 많은 정보가 실시간으로 공유되는 소셜미디어는 수시로 접속해 놓친 소식이 없는지 확인하죠. 여러 앱을 동시에 띄워놓은 채 돌아가며 새로고침을 하고 '좋아요'를 눌러요. 동영상도 1.5배속으로 돌려 빠르게 봅니다. 그래야 많이 볼 수 있으니까요. 새로 올라온 콘텐츠가 많으면 다 읽지 못할까 봐 불안해요. 물론 기자들만 이렇게 생활하는 건 아닐 겁니다. 머리에 더 이상 저장할 공간이 남아 있지 않다는 느낌을 많이들 가질 거예요. 기억해야 할 것이 너무 많아 오히려 기억에 남는 게 없는 기분도요.

나만 빼고 모두
행복한 것 같아요

소셜미디어로 바라본 세상에는 행복한 사람들이 가득합니다. 여행을 떠나고, 맛있는 걸 먹고, 친구들과 웃고 있는 모습들이 대부분이죠. 어쩌면 당연해요. 괴롭거나 짜증스러운 순간을 찍어서 올리는 일은 별로 없으니까요. 현실에서 나를 아는 사람들이 팔로우하고 있는 계정이라면 더욱 그렇습니다.

'저 친구는 잘했는데 나는 왜 이렇게밖에 못 하지?' '자기 관리는 저렇게 해야지 나처럼 해서는 안 돼.' '다들 잘사는데 나만 이 모양이야.' 세상 모두가 즐거운 와중에 우울하고 힘든 사람은 나뿐인 것 같은 생각. 소셜네트워크를 여행하는 사람이라면 누구든 겪는 좌절감과 불안입니다. 인간은 언제나 나와 다른 사람을 비교하는 버릇이 있다고 해요. 그 대부분은 자신에게 박한 점수를 매기는 것으로 끝나죠. 상대의 행복과 대비되어 나의 우울함은 커지고, 더 심한 좌절로 빠져들게 됩니다.

앞에서 잠깐 언급했던 로빈 던바 교수는 《프렌즈》에서 이런 말을 합니다. "요즘 청소년들과 젊은이들이 정신적으로 힘든 이유는 나는 도서관에서 숙제하고 있는데 친구들은 신나게 놀고 있는 게시물을 끝없이 읽고 있기 때문이다." 사진 바깥의 현실이 어떤 모습이었을지는 알 수 없는데도 나만 빼고 다 즐겁다며 불만을 키우고 자존감을 깎아내리는 일이 반복됩니다. SNS에 남긴 순간은 찰나이고 꾸며진 모습이라는 걸 알고 있으면서도 말이죠.

소셜미디어가 주는 박탈감은 한국 사회의 뿌리 깊은 경쟁

문화와 맞물려 특히 젊은 세대에게 더 큰 영향을 미치고 있다고 해요. 1990년대생을 분석한 책 《K를 생각한다》(2021)에서는 어려서부터 쉬지 않고 남과 경쟁해온 이 세대의 특성이 SNS 문화와 결합하면서 더욱 극단적인 성향으로 나타난다고 봅니다. 학교에서는 성적, 졸업 후에는 취업, 그 후에는 자산을 두고 끊임없이 경쟁하고 있는데 때마침 나를 전시하고 홍보하는 플랫폼인 소셜미디어가 등장한 거예요. 이제는 영화를 보고 휴식을 취하는 일상까지도 '내가 더 잘살고 있다'라는 '인증샷'이 되는 지경에 이르렀다는 겁니다. 어려서부터 디지털 기기와 함께해온 세대라 소셜미디어에 익숙하고 능숙한 만큼, 이 공간에서 일어나는 일과 공유되는 소식에도 민감할 수밖에 없는 것이죠.

위험한 챌린지가
'나쁜 관종'을 만들어요

관심받고 싶은 욕구가 지나치게 높은 사람을 뜻하는 '관종'은 보통 부정적 의미로 사용됩니다. 하지만 소셜미디어가 전 세계적으로 유행한 것도 누구나 조금씩은 관심받고 싶은 마음을 갖고 있기 때문일 겁니다. 나를 알아줬으면 좋겠고, 인정받고 싶은 바람은 인간의 자연스러운 욕구이니까요. 특별한 순간의 내 모습을 '셀카'로 담아 올리거나 유명한 맛집에 방문한 사진을 누구나 볼 수 있는 공개된 공간에 게시하는 건 인정 욕구의 가장 손쉬운 표현입니다.

문제는 욕심이 지나칠 때입니다. 무조건 많은 '좋아요'와 공유만을 목적으로 삼을 경우죠. 누군가를 돕기 위해서 시작한 각종 '챌린지'가 언제부턴가 단순히 조회 수를 높이기 위한 놀이로 변해버렸듯 말이에요. 절벽 위 아찔한 광경을 배경으로, 철로 위에서 기차가 다가오는 장면을 뒤로 하고 '셀카'를 찍으려다 발을 헛디디거나 열차를 피하지 못해 사고가 일어납니다. 아이들이 숨을 참는 놀이 영상을 찍다가 목숨을 잃기도 해요. 한국에서 가장 긴 해저터널에서는 '인증샷'을 남기기 위해 사고를 무릅쓰고 차를 멈춰 세우는 사람들로 매일 아찔한 상황이 연출되고 있습니다. 전문가들은 틱톡을 비롯해 15초~1분짜리 짧은 영상을 올리는 플랫폼이 유행하면서 이런 사건이 더욱 빈번하게 벌어진다고 분석합니다. 특별한 재능이나 노력 없이도 참여할 수 있고, 관심도 쉽게 받을 수 있으니 도전 욕구도 자극되는 것이죠.

우려가 커지자 틱톡에서는 〈위험한 챌린지 및 거짓 콘텐츠〉(2021)[10]라는 연구 보고서를 내기도 했습니다. 영국·미국 등 10개 나라에서 1만 명 이상의 청소년·부모·선생님을 대상으로 설문해본 결과, 청소년의 절반(48%)은 유행하는 챌린지를 "재미있고 가볍게 할 수 있는 안전한 놀이"로 생각한다고 해요. "위험한 요소가 있긴 해도 안전하다"(32%)라는 응답까지 합치면 대부분 긍정적으로 보고 있는 거죠. "위험하다"라는 대답(17%)은 소수였습니다. 남들이 하는 게 재미있어 보여서 '나도 한 번 해볼까'라는 마음이 드는 건 청소년들에게 자연스러운 일이에요. 특히 틱톡은 10대 이용자가 42%를 넘어서는 (2020년 기준) 굉장히 젊은 소셜미디어입니다.

연달아 터진 안타까운 사고들이 소셜미디어에서 유행하는 챌린지와 직접적인 관계는 없을 수도 있어요. 그렇지만 경험과 판단력이 부족한 10대가 많이 사용하는 플랫폼이라면 기업이 조금 더 책임감을 갖고 위험을 없애도록 노력해야 하지 않을까요? 다행히 틱톡은 만 14세 이상으로 가입 연령을 제한

했어요. 그리고 만 16세 미만 사용자의 계정은 비공개를 원칙으로 하고, 업로드한 영상 또한 친구끼리만 볼 수 있도록 조치했습니다. 위험한 챌린지 영상에는 '이 동영상의 동작은 심각한 부상을 초래할 수 있습니다' 같은 경고문도 띄운다고 해요. 충분하진 않지만 바람직한 방향입니다. 아무리 많은 조회 수를 올린다고 해도 사람의 생명을 걸 만한 챌린지가 있을까요? '나쁜 관종'이 부른 호기심이 돌이킬 수 없는 선택으로 이어져서는 안 될 것입니다.

스마트폰(SNS)
의존도 자가진단 키트

다음은 한국지능정보사회진흥원이 개발한 청소년용 스마트폰 중독 척도(S-척도) 진단표입니다. 문항별로 내가 해당되거나 가장 가깝다고 생각하는 번호를 골라주세요.

> 1. 전혀 그렇지 않다　　2. 그렇지 않다
>
> 3. 그렇다　　　　　　　4 매우 그렇다

문항

❶ 스마트폰의 지나친 사용으로 학교 성적이 떨어졌다.

❷ 가족이나 친구와 함께하는 것보다 스마트폰을 사용하는 게 더 즐겁다.

❸ 스마트폰을 사용할 수 없을 때 견디기 힘들다.

❹ 스마트폰 사용시간을 줄이려고 시도했지만 실패한다.

❺ 스마트폰 사용으로 계획한 일(공부, 숙제 등)을 하기 어렵다.

❻ 스마트폰을 사용하지 못하면 온 세상을 잃은 것 같은 생각이 든다.

❼ 스마트폰이 없으면 안절부절 못하고 초조해진다.

❽ 스마트폰 사용시간을 스스로 조절할 수 있다.

❾ 수시로 스마트폰을 사용하다가 지적을 받은 적이 있다.

❿ 스마트폰이 없어도 불안하지 않다.

⓫ '그만해야지'라고 생각하면서도 스마트폰을 계속 사용한다.

⑫ 스마트폰을 너무 자주 또는 오래 한다고 친구나 가족에게 불평을 들은 적이 있다.

⑬ 스마트폰 사용이 지금 하는 공부에 방해가 되지 않는다.

⑭ 스마트폰을 사용할 수 없을 때 패닉 상태에 빠진다.

⑮ 스마트폰 사용에 많은 시간을 쓰는 게 습관이 됐다.

○ 채점 방식

[1단계] 채점 방식	전혀 그렇지 않다 : 1점 그렇지 않다 : 2점 그렇다 : 3점 매우 그렇다 : 4점	*8번, 10번, 13번은 거꾸로 채점 전혀 그렇지 않다 : 4점 그렇지 않다 : 3점 그렇다 : 2점 매우 그렇다 : 1점
[2단계] 총점 계산	총 점 : ① 1~15번 합계 요인별 점수 : ② 1요인(1, 5, 9, 12, 13번) 합계 ③ 3요인(3, 7, 10, 14번) 합계 ④ 4요인(4, 8, 11, 15번) 합계	

○ 의존 정도 판정

위험	① 총점 45점 이상 ② 1요인 16점 이상 ③ 3요인 13점 이상 ④ 4요인 14점 이상	①에 해당하거나, ②~④ 모두 해당하는 경우
주의	① 총점 42점~44점 ② 1요인 14점 이상 ③ 3요인 12점 이상 ④ 4요인 13점 이상	①~④ 중 한 가지라도 해당하는 경우
정상	① 총점 41점 이하 ② 1요인 13점 이상 ③ 3요인 11점 이상 ④ 4요인 12점 이상	①~④ 모두 해당하는 경우

5

자유의
세계?

감시의
세계?

학생의 휴대전화 사용을 금지하는 학교가 있습니다. 모든 학생은 등교하자마자 선생님에게 스마트폰을 맡기고 종례 시간에 다시 돌려받습니다. 이런 교칙은 수업에 집중하기 위한 당연한 규제일까요? 아니면 시대에 뒤떨어진 과도한 금지일까요?

국가인권위원회는 학교가 학생의 휴대전화를 뺏는 행위를 인권 침해라고 판단했습니다. 헌법이 보호하는 행동의 자유와 통신의 자유를 훼손한다는 거예요. 스마트폰은 이제 단순한 전화가 아니지요. 다른 사람과 관계를 맺고, 그 관계를 유지하며 발전시키는 데 꼭 필요한 도구입니다. 검색, 공지, 메시지 등을 통해 정보를 얻는 생활필수품이기도 해요. 인권위는 스마트폰 사용을 제한할 경우에도 학생의 기본권은 침해되지 않아야 한다고 조언합니다. 원하는 학생의 것만 맡아두거나, 수거하더라도 점심시간과 휴식시간에는 쓸 수 있도록 돌려주는 식으로요. 여러분의 생각은 어떤가요?

소셜미디어는 스마트폰 이용시간의 상당히 큰 부분을 차지합니다. 다른 사람과의 소통에도, 나를 표현하는 데도 필요해요. 개인의 세계를 만들고 확장하는 소셜네트워크에 접근할 기회는 평등해야 합니다. 반대로 소셜네트워크를 끊고 살아갈 자유도 누릴 수 있어야 합니다. 하지만 한번 만들어진 관계의 그물망은 일상의 모든 영역으로 파고듭니다. 어디 있는지 알 수도 없는 누군가와 나를 모두가 잠든 시간에도 연결하고 있어요. 내 기록을 내가 알지 못하는 사이에 검색하고, 저장할 수 있게 해놓았어요. 자유로운 표현을 위해서 없어서는 안 되는 도구가 오히려 나를 감시하며 자유롭지 못하게 발목을 잡습니다. 자유와 검열 사이 적절한 균형점은 존재하는 걸까요?

국경도 언어도 초월하는
자유를 느껴봐요!

그래

소셜네트워크의 중심에서
'나'를 외쳐요

소셜미디어가 등장하기 전, 온라인 세계의 사람들은 커뮤니티 게시판에 모여 이야기를 나눴습니다. 요즘은 제공되는 서비스가 다양하지만, 예전에는 글을 쓰고, 읽고, 댓글을 다는 게시판이 전부였어요. 커뮤니티 안에서도 소주제를 정해서 '방'을 만들면 관심 있는 사람들이 들어왔습니다. 인기가 많은 방은 회원의 등급을 매겨서 읽고 쓰는 권한에 차별을 두기도 했습니다.

방을 만든 사람 또는 방을 관리하는 사람은 시삽(sysop)이라고 불러요. 시스템 운영자(System Operator)의 줄임말입니다. 주제에 맞지 않는 글이나 광고를 삭제하고 분란을 일으키는 이야기를 자주 올리는 사람을 쫓아내는 관리자 역할을 했습니다. 온라인에서 의견을 제시하는 사람이 늘어나면서 주요 커뮤니티 게시판은 여론을 형성하는 공간으로 부상했지요. 게시판에서 이뤄지는 토론이 언론에 보도되고 파장을 일으키기도 했습니다. 영향력이 커진 게시판은 작은 사회가 되었어요. 방마다 규칙과 문화가 생겼죠. 글을 올릴 때 제목을 붙이는 형식, 말투, 첨부하는 사진의 크기까지 정해졌습니다.

"규칙에 따르지 않으면 강퇴(강제퇴장)입니다." 운영진이 만든 규칙을 회원들은 법처럼 따랐습니다. 사람이 늘어날수록 통제는 심해졌어요. 발언권을 갖는 등급 심사도 까다로워지고 규정도 점점 길고 복잡해졌죠. 사람들이 하나둘 답답함을 호소할 무렵, 소셜미디어가 등장했습니다. 사람들은 모두가 각자의 '방'의 주인공이 되어 자신의 이야기를 할 수 있다는 자유에 열광했어요. 적어도 이 네트워크 안에서는 모두가 동등하게 게시물을 작성하고, 표현하며, 대화에 참여하는 권리를 갖지요. 힘이 집중되지 않습니다. 계정과 계정이 연결될 뿐이에요.

'방' 중심의 인터넷 공간은 관심사가 같은 사람들과 함께한다는 소속감을 줍니다. 반면 소셜네트워크는 훨씬 개인적이고 개방적이지요. 무엇보다 내가 주인공입니다. 헌법이 보장한 표현의 자유를 모든 시민이 처음으로 체험한 공간이 소셜네트워크라고 보는 사람도 있습니다. 각자의 계정으로 저마다 의견을 표시하는 방식을 통해 직접 민주주의가 가능하다고도 하지요.

소셜미디어에는 소통을 돕는 장치도 많아요. 사진, 동영상 등 내가 가진 정보를 손쉽게 공유할 수 있습니다. 리트윗, 리그램 등으로 공감하는 내용을 다른 이에게 전달하는 확장력도 있고요. 실시간으로 표시되는 친구들의 접속 정보를 통해 서로 연결되어 있음을 확인하죠. 번역 보기 기능은 사용하는 언어가 달라도 서로를 이해하도록 해줍니다. 라이브 방송 기능

도 점점 간단하고 편리하게 진화하고 있어요. 다시 말해 소셜
미디어는 오늘날 우리가 가진 가장 넓고 가장 자유로운 소통
공간입니다. 물론 자유로운 표현에는 그만큼의 책임이 따르겠
지만요.

사람들을 적극적으로 움직이고
참여하게 만들어요

테러, 쓰나미, 지진, 대규모 시위 등이 발생하면 현장 사진과
상황을 설명하는 글이 소셜미디어에 올라옵니다. 피해가 큰
경우에는 희생자를 추모하고 안전과 평화를 바라는 댓글을 달
거나, 더 많은 이들의 응원을 요청하며 '#prayfor○○'(○○를
위해 기도하다)라는 해시태그를 달아 공유하지요.

예전에는 외국에서 전쟁이나 자연재해가 일어나면 소식을
알기 어려웠습니다. 번역된 해외 언론의 기사나 근처 국가에
머물고 있는 특파원이 간접 취재해서 전해오는 소식이 전부였
죠. 지금은 현장에 있는 누구나 기자가 됩니다. 실시간으로 사
건을 알리고 도와달라고 호소하며 누구의 잘못인지 폭로해요.

이렇게 일반 시민 누구나 취재하고 보도하는 '시민 저널리즘'
은 소셜미디어가 등장하면서 생겨났습니다.

소셜미디어에서는 게시물을 올릴 때 남의 허락이 필요 없
습니다. 불법 촬영물처럼 법을 어긴 게 아니라면 누구든 똑같
이 게시할 수 있는 권한을 가져요. 권력은 정부나 대기업의 것

이라고 생각하던 시민들은 저마다의 SNS에서 목소리를 내고 비밀을 폭로하면서 세상을 움직이는 힘이 자신들에게도 있음을 깨달았습니다.

이런 개인들이 소셜네트워크로 연결될 때, 즉 집단이 되면 더욱 강력한 힘을 냅니다. 세상을 조금 더 나은 방향으로 바꾸려는 크고 작은 사회 운동이 그 힘에 기대어 있어요. 플라스틱 빨대 사용하지 않기, 비닐 포장 줄이기, 동물보호법 개정 등에 해시태그를 달고 실천법을 알리면서 공감대를 넓혀갑니다. 미투 운동을 비롯해 일상의 성폭력을 고발하고 왜곡된 성인지 관점을 바꾸기 위한 전 세계적 움직임도 마찬가지입니다. 누구나 참여하고 목소리를 내는 소셜미디어를 중심으로 힘을 모을 수 있었죠. 불평불만에 그치지 않고 세상에 변화를 일으키려는 시도가 부쩍 늘어난 건 분명 소셜미디어가 등장하면서 나타난 사회적인 현상입니다.

오래전 헌법재판소의 판결문 가운데 인터넷을 "가장 표현 촉진적 매체이고 참여적인 시장"이라고 표현한 부분이 있어요. 사람들의 자유로운 표현을 이끌어내고 세상에 참여하게 만드는 공간이라는 의미예요. 오늘날에는 소셜미디어야말로 헌법재판소가 강조한 표현의 자유, 그리고 사회 참여의 가능성을 가장 폭넓게 구현해낸 서비스이자 매체가 아닐까요?

공동체를 위협하는
자유를 멈추기도 해요

도널드 트럼프 전 미국 대통령은 트위터를 많이 사용하기로 유명했습니다. 국가의 중요한 발표나 외교적 결정을 트윗으로 먼저 알릴 정도였어요. 그런데 2020년 트위터는 트럼프 대통령이 올린 글에 '팩트체크'가 필요하다는 표시를 붙였습니다. 미국 대통령의 트윗이 사실이 아닐 수 있다는 경고였지요. 나아가 2021년에는 트럼프의 계정 자체를 폐쇄했습니다. 그가 사람들을 위험에 빠뜨릴 수 있는 거짓말이나 가짜뉴스를 끊임없이 올렸기 때문이에요. 트럼프는 소셜미디어 기업이 이용자의 콘텐츠를 마음대로 단정해서는 안 된다며 검열 기능을 축소하는 행정명령을 내리기도 했습니다. 하지만 폐쇄되었던 계정은 트위터의 대표가 바뀌고 나서야 약 2년 만에 복구되었습니다.

소셜미디어에서 올바른 일만 일어나지는 않습니다. 사이버 괴롭힘이나 혐오 발언도 자주 발생하죠. 불법 촬영물, 심지어 생명을 해치는 동영상까지도 올라옵니다. 표현의 자유가 중요하다고 이런 게시물을 그대로 놔둔다면 어떻게 될까요? 아이들은 물론 어른들의 정신 건강에도 영향을 미칠 거예요. 누군가 모방해서 위험한 일이 벌어질 수도 있고 범죄에 악용될 수도 있죠. 이용자가 봐도 되는 것과 안 되는 걸 구분하려면 기준을 만들어야 합니다. 다양한 전문가들의 의견을 듣고 여론을 수렴하겠지만 결국에는 소셜미디어를 운영하는 기업의 판단이 개입할 수밖에 없죠. 나쁜 것을 막아주니 좋다고 생각할 수 있지만 그렇지 않을 때도 있어요.

예를 들어 검열을 통해 어떤 게시물이 가짜뉴스로 판명이 나면 '거짓'이라고 경고를 붙인다고 생각해봅시다. 그럼 '거짓' 표시가 없는 건 전부 진실일까요? 소셜미디어에 올라오는 무한한 콘텐츠를 빠짐없이 평가하는 건 불가능합니다. 진실과 거짓의 경계를 아슬아슬하게 넘나들거나 검열 과정에서 누락되어 경고 표시가 붙지 않은 경우도 있을 테고요. 하지만 사람들은 단순히 '거짓' 표시가 없으니 믿어도 된다고 오해할 수 있는 거예요. 그래서 소셜미디어에서는 표현의 자유가 충분히 존중돼야 한다는 의견이 많습니다. 그 자유로 인해 극도의 혼란이 벌어지는 예외적인 상황이 아니라면요.

그 예외적인 상황이 코로나19 바이러스가 전 세계로 확산하던 시기에 발생했습니다. "코로나19에 대한 거짓 정보에 맞서 같이 싸울 것이다. 플랫폼에서 (사실로) 확인된 내용이 (타임라인/뉴스피드에) 더 잘 보이도록 하겠다." 2020년 3월 페이스북과 구글, 유튜브, 링크드인, 레딧은 공동성명을 발표했습니다. 미국에서 코로나19 확진자와 사망자가 급증하기 시작한 무렵이었어요. 이 공동성명은 바이러스에 대한 음모론이 소셜미디어에 퍼지면서 시민들의 공포가 극도에 달했다는 판단에서 나왔습니다. 이후 트위터는 성명의 내용대로 문제가 된 음모론이 포함된 트윗을 삭제했어요. 페이스북은 언론사와 같이 믿을 만한 콘텐츠 제작사의 계정에는 '팩트체크' 표시를, 터무니없는 내용의 콘텐츠에는 '거짓' 표시를 덧붙이는 조치를 취했습니다.

우리는 소셜미디어가 부작용과 비판을 감수하고서라도 표

현의 자유를 보장한다는 특징을 알아봤습니다. 반면에 시민과 공동체의 안전이 위협받는 긴급한 상황에서는 이를 제한할 수 있다는 것도 살펴보았습니다. 표현의 자유를 최대한 보장하지만 무한대는 아니라는 사실은, 언뜻 모순 같지만 소셜미디어 세계에서 표현의 자유가 얼마나 무거운 가치인지 짐작하게 합니다.

아닌이

감시와 검열도 실시간으로
벌어져요!

내 발자국을 찾아내는
사람들이 있어요

인터넷에 접속해 온라인에서 시간을 보내는 동안 나의 행동은
흔적을 남깁니다. 소셜미디어에 로그인한 시간부터 '좋아요'
'공유' 버튼을 누른 사진, 검색한 단어, 구매한 상품까지 일거
수일투족이 어딘가에 기록되지요. 이를 디지털 발자국(digital
footprint)이라고 부릅니다. 한번 생긴 발자국은 꼼꼼하게 찾아
내 삭제하지 않으면 절대 그냥 사라지지 않아요. 나도 기억 못

하는 오래전 흔적이 어느 날, 내 정체성을 보여주는 증거로 되살아나기도 해요. 예를 들면 외국인이 미국에 입국하기 위한 비자를 받을 때나 새로운 회사에 취업을 앞둔 중요한 시기에 말이에요.

몇 년 전부터 미국은 비자를 신청하는 외국인에게 소셜미디어 계정 제출을 요구하고 있습니다. 미국 국토안보국은 이를 "방문자의 여행이 합법적인지, 잠재적 위협은 없는지 확인하기 위해서"라고 설명합니다. 완전히 주거지를 옮기는 이민뿐 아니라 관광, 유학, 취업으로 미국에 갈 때도 페이스북과 인스타그램 계정을 정부에 공개해야 합니다. 이 때문에 미국 유학이나 이민을 준비하는 커뮤니티에서는 소셜미디어 계정을 어떻게 처리할지 문의하는 글을 쉽게 찾아볼 수 있습니다. 게시물 가운데 미국 당국 입장에서 부적절해 보이는 내용이 있거나 소셜미디어 이용과 관련해 거짓말이 적발되면 입국이 거부될 수도 있거든요.

예전보다 국가 간 이동이 자유롭고 테러 위협도 늘어난 걸 감안하면 까다로워진 입국 허가 절차가 이해되기도 해요. 국민을 지키는 게 국가의 의무니까요. 소셜미디어는 자신을 공개적으로 표현하는 곳이니까 누구든지 내 계정을 들여다볼 수 있는 것도 사실이에요. 그러나 소셜미디어에 공개된 정보를 바탕으로 나를 심사한다는 건 다른 차원의 문제입니다. 내 생각, 행동이 검열의 대상이 된다는 의미이기 때문이죠.

요즘은 입사 지원서에도 소셜미디어 계정을 적어 내는 경우가 많습니다. 물론 자기소개, 경력, 지원 동기 등과 함께 소셜미디어 활동도 이력의 하나로 생각할 수 있을 겁니다. 예컨대 마케팅 직무를 준비하는 경우라면 SNS를 잘 활용했다는 점이 좋은 평가를 받을 수도 있어요. 그래서 개인 홈페이지를 만들어 포트폴리오를 관리하는 것보다 등록도 쉽고 운영도 편리한 소셜미디어에 그동안 쌓아온 노력과 경력을 기록해두는 사람도 많습니다.

하지만 SNS 게시물을 이유로 나를 면접에서 걸러낸다면 어떨까요? 실제로 몇몇 기업에선 최종면접까지 올라온 지원자는 따로 제출하지 않아도 인사부서에서 검색을 통해 소셜미디어 계정을 검열한다는 소문이 있습니다. 과거 게시물을 지우거나 아예 계정을 없애는 취업준비생들도 적지 않다고 합니다. 정치적인 발언 또는 사회를 바라보는 시각이 담긴 글을 쓰거나 나의 성향을 드러내는 게시물을 공유했다는 이유로 취업에서 불이익을 받을 수 있다고 생각하는 거예요. 친구들과 편하게 사적인 대화를 남긴 계정이, 결정적 순간에 나의 전부를 대표하는 기록이 되어버릴 수도 있습니다. 그것도 내가 인지하지 못하는 사이에 이뤄진 검열을 통해서 말이죠.

'소셜'을 위해
희생되는 가치들

소셜미디어(social media)는 서로 소통하면서 사회적인(social) 관계를 맺는 데 최적화된 도구(media)입니다. 타임라인, 뉴스피드, 팔로우, 구독, 공감 버튼, 알고리즘 등 플랫폼에서 이뤄지는 모든 활동은 사람들을 더 많이 연결해서 더 오래 플랫폼에 머물게 하는 데 초점이 맞춰져 있죠. 연결되려면 학교가 같은 사람, 취향이 같은 사람, 필요한 물건이 같은 사람들이 우선 서로의 존재를 발견해야 합니다. 소셜미디어에는 이런 발견을 위한 다양한 장치가 숨겨져 있어요.

2010년 페이스북에서는 기발한 기능을 내놓았습니다. 사진을 올리면 자동으로 얼굴을 인식해 그 사람의 계정을 태그(표시)할 수 있도록 한 거예요. 졸업식에서 찍은 사진을 업로드하면 페이스북은 사진 속 인물들을 분석해 페북 친구를 찾아내고, 그 계정을 태그할 것을 추천합니다. 이를 태그하면 페친에게도 알림을 보내지요. 그러면 졸업식 사진을 내 페친은 물론, 페친의 페친, 페친의 페친의 페친도 볼 수 있게 됩니다. 사람을 연결하고 모으는 데 탁월한 기능이에요. 그런데 얼굴 인식 기능은 많은 논란을 불러왔습니다. 소셜미디어에서는 친구를 찾아주는 수준에 머물겠지만, 이런 기술이 정부나 기업에서 의도를 가지고 사람을 검색하는 데 활용할 수 있기 때문이에요. 가령 CCTV 등으로 촬영된 이미지만으로도 생체 정보를 파악해 개인을 감시하고 추적하는 일이 벌어질 수 있지요.

소통과 연결을 명분으로 소셜미디어에 추가되는 기능 중에는 이용자를 실제로 감시하거나 감시당하는 느낌을 주는 것들이 적지 않습니다. 'ㅇㅇ님이 팔로우한 계정' 'ㅇㅇ님이 시청한 채널' 'ㅇㅇ님이 좋아요를 누른 게시물'… 알고리즘이 게시물이나 계정을 추천할 때 이런 설명이 따라붙곤 합니다. '네 친구의 관심사이니 한번 보는 게 어때?'라고 묻는 거예요. 나의 관심사도 똑같이 친구의 피드에 뜨겠지요. 나의 디지털 발자국을 이렇게 공개적으로 보여줘도 되는 걸까요? 내 게시물을 인용하면서 의견을 덧붙여 공유하는 기능도 그렇습니다. 공감을 표시하는 용도로 사용하기도 하지만, 멋대로 해석을 달아 공유한 게시물을 비판하는 장치로도 쓰입니다. 이런 식으로 소셜미디어에서 굳이 많은 사람에게 보이고 싶지 않은 내 정보를 마음대로 공유하니 불편하고 한편으론 불쾌하기도 해요.

스마트폰으로 사진을 찍으면 위치 정보가 함께 기록됩니다. 소셜미디어 플랫폼은 이 정보를 추출해 사진을 올릴 때 자동으로 주소를 태그할 수 있도록 도와줘요. 마침 게시물에 장소를 표시하려고 했다면 참 요긴하죠. 그런데 어딘가 꺼림칙한 느낌이 듭니다. 조지 오웰의 소설 《1984》에 나오는 '빅브라더'가 떠오르기도 해요. 빅브라더란 시민들의 일상을 일거수일투족 감시해 결국 생각까지 통제하는 힘을 가진 권력자입니다. 그러고 보면 틀린 말도 아니군요. 내가 어디서 무엇을 하며 누구와 있었는지 소셜미디어가 모두 파악하고 있으니 말이에요.

2021년 페이스북은 자동 얼굴 인식 기능을 없애기로 했다고 발표했습니다. 커져가는 사회적 우려를 받아들인 조치라고 해요. 그러나 얼굴 인식만의 문제는 아닐 겁니다. 살펴보았듯 개인정보를 수집하는 모든 기능에는 비슷한 위험이 존재하기 때문이죠. 소셜미디어가 이용자를 알아서 발견하고 이어주는 편리함보다 이용자의 안전과 권리를 지키는 게 더 중요한 가치가 아닌지 고민해볼 때입니다.

세월이 흘러도
어린 내가 자라나지 않아요

아이의 모습을 태어나서부터 차곡차곡 기록하는 부모님들이 많습니다. 매일 찍은 사진과 영상을 소셜미디어에 올리기도 하죠. 자주 만나지 못하는 친구, 지인과도 SNS와 메신저로 아이의 일상을 공유합니다. 이렇게 자녀의 사진을 소셜미디어 계정에 올려 공개하는 부모를 영어권에서는 셰어런츠(sharents)라고 부릅니다. 공유(share)와 부모(parents)의 합성어인 셈이죠. 또는 그런 행위 자체를 셰어런팅(sharenting)이라고도 부른대요. 공유(share)와 양육(parenting)의 의미를 결합한 용어입니다. 셰어런츠 가운데 나쁜 뜻을 가진 부모는 없을 거예요. 그저 내 아이가 잘 자라는 걸 자랑하고픈 마음이겠죠. 다른 부모들과 유익한 정보를 주고받기도 쉬울 테고요.

그런데 최근 들어 이런 셰어런팅에 반대하는 운동이 벌어지고 있습니다. 한마디로 부모의 소셜미디어 활동보다 아이의 초상권이 더 중요하다는 거예요. 이미 아이 동의 없이 부모가 소셜미디어에 사진을 공유하는 행위를 금지한 나라도 있어요. 한국도 아동과 청소년의 '잊힐 권리'를 위한 개인정보보호법을 2024년까지 제정할 예정입니다. '잊힐 권리'란 말에서 짐작되듯 소셜미디어 등에 올라간 본인의 사진·영상을 지워달라고 요청할 경우 국가가 나서서 도와주는 근거가 될 법이에요. 부모님, 친구 등 다른 사람이 올린 것뿐만 아니라 내가 올린 게시물도 지울 수 있습니다. 아이에게 의사를 묻지 않고 사진·영상을 공개하는 행위를 예방하기 위한 교육 프로그램도 진행한다고 해요. 그런 행동은 자녀의 개인정보를 침해하는 일이고, 범죄에 노출될 수도 있다고 알려주는 것이죠.

외국에서는 성인이 된 자녀가 자신의 어릴 때 모습을 소셜미디어에 올린 부모를 고소하는 일도 종종 벌어집니다. 사생활이 공개되어 당황스럽고 곤란한 일이 생겼다는 거예요. 처음 보는 사람이 나를 잘 안다는 식으로 대한다면 불편하기도 하고, 무섭기도 하죠. 특히 자신의 부끄러운 기억을 누구든 검색해서 들여다볼 수 있다면 엄청난 불안감에 시달릴 거예요. 부모야 그런 의도가 아니었겠지만, 아이의 사진과 일상을 섣불리 공개하면 이런 부작용이 생길 수 있어요.

청소년과 아동은 아직 자아가 성숙하지 않았고, 세상을 배워나가는 나이입니다. 그래서 실수나 잘못을 저질러도 용서받을 수 있어요. 같은 범죄를 저질러도 성인보다 관대한 처벌을 받곤 해요. 단순히 어리다고 봐주는 게 아니라 몰랐던 것, 깨닫지 못한 것을 경험하고 배워가도록 시간을 주는 겁니다. 어떤 사람이든 나아질 수 있음을 인정하는 사회는 한때 잘못을 저지른 사람이라도 성숙한 인간이 될 수 있도록 감싸고 도와줍니다. 옛날에는 어지간한 잘못을 저질러도 시간이 지나면 사람들의 기억에서도 차츰 흐릿해져서 자세한 상황은 거의 지워지고, '그때 그랬지'라는 느낌만 남는 경우가 많았어요. 당사자가 반성하고 더 좋은 사람이 됐다면 사건 자체가 마치 없었던 일처럼 흘러가기도 합니다. 사람은 그렇게 성장하는 것이니까요.

그런데 이제는 많은 기억이 소셜네트워크라는 공간에 떡하니 남아 있습니다. 그곳의 흔적은 낡지도 바래지도 않죠. 시간이 아무리 흘러도, 원작자가 삭제하더라도, 한 사람이라도 공유했다면 어딘가에 박제되어 있습니다. 나는 과거와 다른 사람이 되었고, 또 그렇게 되려고 노력하고 있지만 '잘못한 나'를 세상이 잊어버리지 않는다면 어떨까요? 이것이 어린아이와 청소년의 일상이 소셜미디어에 기록되는 걸 걱정하는 까닭입니다. 부모라고 해서 자식의 어떤 모습이든 마음대로 공개할 권리는 없습니다. 스스로 올린 사진이라고 해도 마찬가지예요. 나중에라도 원한다면 깨끗이 삭제할 권리를 줘야 합니다.

우리는 한 번 공개되면 나의 정보라고 해도 내가 통제할 수 없는 시대를 살고 있습니다. 특히 소셜미디어에서는 선의와 가족애의 이름으로 이런 일들이 공공연하게 일어납니다. 이제라도 바꿔야 해요. 잊힐 권리를 지켜줘야 합니다. 특히 아이들의 잊힐 권리는 있는 힘껏 보호해야 합니다. 공개를 원치 않는 과거의 기록이 지금의 나를 가로막는 일은 없어야 하니까요.

에필로그

소셜미디어를
유쾌하게
항해하는 법?

소셜미디어는 이 책을 쓰는 동안 아주 든든한 조력자가 되어주었어요. 내 주변을 포함해 전 세계 사람들이 매일 어떤 일에 관심을 두는지, 나라 안팎에선 어떤 사건이 터졌는지, 검색할 필요도 없었어요. 피드 위에 배달된 소식을 받아보면 되니까요. 또 다양한 나이대의 계정 주인들이 각자 일상을 올려주었죠. 그 덕분에 현실에서는 만나서 이야기할 기회가 거의 없는 청소년 여러분이나, 여러분 부모님 세대의 생활과 생각을 엿볼 수 있었어요. 글귀가 떠오르지 않을 때나 생각이 정리되지 않을 때면 끊임없이 올라오는 짧은 동영상을 보며 잠시 머리를 식혔습니다.

그렇다고 고맙다고만 할 수는 없을 것 같아요. 피드를 따라 새로운 글과 사진, 영상, 링크를 보느라 시간을 정말 많이 뺏겼거든요. 몇 가지만 확인하자고 접속했는데 나도 모르게 빠져들어 한두 시간이 후딱 지나버리기도 했죠. 소셜미디어의 파급력을 흥미롭게 분석한 게시물이라는 말에 공유된 링크를 눌러 들어갔더니 출처를 알 수 없는 뜬소문에 불과한 글과 마주쳐 시간을 낭비한 적도 있습니다. 사실 확인을 하지 않았다면 책에 거짓말을 적을 뻔했지 뭐예요.

취재하고 기사를 쓰는 일이 직업이어서 소셜미디어와 담을 쌓고 살기는 쉽지 않습니다. 가짜뉴스나 헛소문도 알아보고 확인하는 게 기자의 일이거든요. 그래서 휴일이나 휴가 때만이라도 접속을 끊고 'SNS 디톡스'를 하려고 노력해요. 하지만 어느새 슬쩍 앱을 켜고 새로고침을 반복하고 있죠. 맛있는 식당도 찾아봐야 하고, 재밌는 기사도 읽어야 하고…. 이제 소셜미디어 없이는 일상이 돌아가지 않는 걸까요? 어쩌면 단지 뉴스피드와 타임라인을 새로고침 하는 행동에 중독된 건지도 모르겠습니다.

인간을 돕는 도구와 인간의 발목을 잡는 골칫덩이 사이에서 소셜미디어 플랫폼의 성격을 결정하는 건 결국 이용자, 우리 자신입니다. 인류 역사상 가장 광범한 관계망이라고도 하죠. 그래서 소셜네트워크에 접속하지 않고는 살기 힘든 시대인가 봅니다.

그런데 정작 주위를 둘러보면 SNS 계정을 하나도 만들지 않은 사람이 여전히 많습니다. 온라인 바깥의 현실에서 사람들과 직접 만나 부딪히고 겪는 일들은 소셜미디어와는 다른 차원의 경험과 감정을 가져다줍니다. 아주 비판적으로 보자면 40억 명이 넘게 모여 있는 소셜미디어에서 우리가 경험하는 것이라고는 알고리즘에 따라 추천된 세상의 한 조각에 불과할지 몰라요.

과몰입과 편향성은 시각의 균형을 깨뜨리는 소셜미디어의 대표적인 부작용으로 불립니다. '소셜네트워크 살이 1n년 차'로서 균형을 잃지 않고 소셜미디어 세계를 항해하는 노하우 몇 가지를 소개해볼게요.

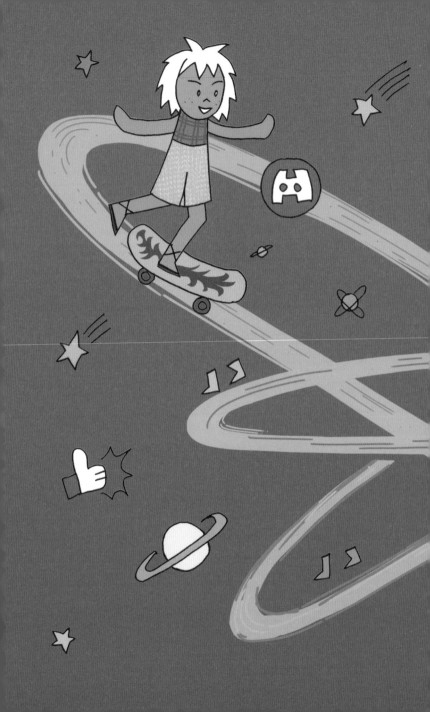

먼저 화가 잔뜩 담긴 게시물은 되도록 보지 않습니다. 소셜 미디어에 뜨는 모든 사건이 사회구성원이라면 마땅히 알아야 하는 일 같지만, 꼭 그렇지는 않아요. 내게 필요한 지식은 책을 찾아 읽고, 필요한 뉴스는 언론 기사로 접할 수 있어요. 생각할 겨를도 없이 공분을 일으키는 글을 군이 보려는 게 '정보의 필요성' 때문인지 '내용의 선정성' 때문인지 구분해보세요. 이런 글을 자주 공유하는 계정은 피드에 보이지 않게 설정해둡니다. 아무리 요긴한 정보라도 나의 정신 건강보다 소중하지는 않아요!

한 가지 이슈에 너무 빠져서 헤어나오지 못한다면 팔로우나 구독한 계정의 종류를 바꿔보면 어떨까요? 아무리 합리적인 주장이라고 해도 한쪽 의견에 반복해서 노출되면 정작 중요한 부분을 놓치게 됩니다. 소셜미디어에서 곧잘 벌어지는 필터 버블, 편향성의 오류예요. 자칫하면 공정하고 합리적인 시선을 영영 잃을 수도 있습니다. 이때 해법은 듣기 불편하더라도 내 생각과 다른 의견이 피드에 노출되도록 다양한 시각을 가진 계정을 찾아 구독하는 거예요. 아예 다른 분야의 팔로우를 늘리는 것도 좋습니다. 균형을 잡아주기도 하고, 너무 몰입한 나머지 사안을 감정적으로 보지 않게 도와줄 거예요.

　소셜미디어에서 너무 많은 시간을 보내고 있다면 추천(랜덤) 게시물을 끊어봅시다. 팔로우한 계정의 새 글만 확인하고 앱을 끄는 거예요. 추천 게시물과 추천 광고, 팔로워가 좋아하는 포스트 등도 보이지 않도록 설정을 바꿔보세요. 친구들 소식 사이사이에 알고리즘이 끼워서 내보내는 낯선 계정의 게시물을 차단할 수 있을 거예요. 이러면 꼬리에 꼬리를 물고 끝없이 이어지는 서핑을 멈출 수 있습니다.

　마지막으로 소셜네트워크 밖에서 더 많은 시간을 보낼 수 있도록 나에게 다양한 경험의 기회를 주세요. 운동하거나 책을 읽고, 영화 한 편을 끝까지 보는 것도 좋습니다. 코로나19 팬데믹이 끝나면 친구와 만나 긴 수다도 떨어보고요. 단, 친구와 있을 때는 서로 스마트폰은 보지 않겠다고 약속을 합니다. 먼저 보는 사람이 지는 게임으로요.

　한 미국 청소년이 열두 살 되던 해에 부모님과 '앞으로 6년간 소셜미디어를 사용하지 않겠다'라고 한 약속을 지켜서 열여덟 번째 생일날 1800달러, 한국 돈으로 200만 원이 넘는 용돈을 상금으로 받았다고 해요. 한창 친구들과 SNS로 소통하고 일상을 공유할 나이인데 대단하지 않나요? 외국 언론들도 신기했는지 그를 찾아가 그럼 그동안 무엇을 하고 지냈는지를 물었습니다. "공부하고 운동하는 데 더 많은 시간을 썼어요. 최신 트렌드는 친구들한테 들었죠. 소셜미디어 없이 사는 건 그렇게 어렵지 않아요. 6년간 SNS에 대해 별로 생각하지 않았어요."

소셜미디어가 인생의 낭비가 되지 않게 하는 방법은 이 소년의 대답처럼 의외로 간단할지도 모릅니다. 물론 그의 선택이 정답이란 법은 없습니다. 소셜미디어 생활을 충분히 즐기면서도 나를 잃지 않고, 그곳에서 진짜 나를 찾는 방법도 분명히 있을 테니까요. 그리고 그 해법은 여러분 모두가 저마다 이미 하나씩 가지고 있을 거예요.

통계
자료
출처

1 〈소셜미디어 이용 10명 중 3명 "정치적 견해 달라 친구 끊은적 있어"〉,《조선일보》, 2021년 1월 1일.

2 〈Democrats Are 3 Times More Likely to Unfriend You on Social Media, Survey Says〉,《포춘》, 2016년 12월 20일.

3 〈Measuring digital development: Facts and figures 2021〉, 국제전기통신연합(ITU), 2021.

4 《미디어 이슈》, 한국언론진흥재단, 2021.

5 〈아동과 청소년들의 스마트폰 사용에 대한 정신건강의학과 전문의의 의견 조사〉, 대한신경정신의학회, 2015.

6 연세대 바른ICT연구소, 〈영유아의 스마트 미디어 사용 실태 및 부모 인식 분석〉,《육아정책연구》 13권 3호, 육아정책연구소, 2019.

7 조숙인, 〈아동의 놀 권리 강화를 위한 놀이환경 조성 방향〉,《육아정책포럼》 55호, 육아정책연구소, 2018.

8 《2020 방송매체 이용행태조사》, 방송통신위원회, 2020.

9 박공주, 〈청소년의 SNS 중독 경향성이 대인관계에 미치는 영향〉,《융합정보논문지》 9권 8호, 중소기업융합학회, 2019.

10 https://newsroom.tiktok.com/ko-kr/helping-our-community-ty-stay-safe-while-having-fun-on-tiktok-kr